Herausgegeben von Margarete Drachenberg
mit Illustrationen von Hans-Eberhardt Ernst

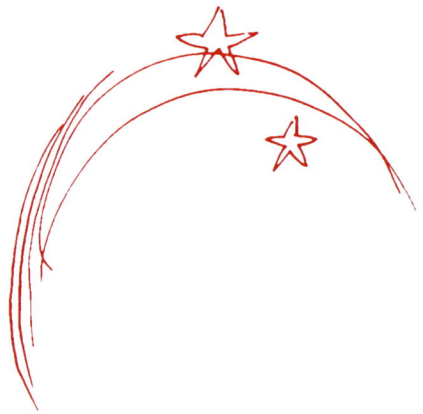

EULENSPIEGELS FRÖHLICHES WEIHNACHTS-BUCH

EULENSPIEGEL VERLAG

INHALT

WILHELM BUSCH
DER STERN

Hätt einer auch fast mehr Verstand
als wie die drei Weisen aus Morgenland
und ließe sich dünken, er wär wohl nie
dem Sternlein nachgereist wie sie;
dennoch, wenn nun das Weihnachtsfest
seine Lichtlein wonniglich scheinen lässt,
fällt auch auf sein verständig Gesicht,
er mag es merken oder nicht,
ein freundlicher Strahl
des Wundersternes von dazumal.

PETER HACKS
SCHNEEFLÖCKCHEN LEISE

Schneeflöckchen leise
Auf der langen Reise
Bist in unserm Walde
Angekommen nun.
Winter hat die weihnachtlichen
Berge silbern angestrichen,
Und die stille Halde
Lädt dich ein zum Ruhn.

Bäumelein im Winde
Froren an der Rinde,
Bärlein ohne Speise
Hat so lang gewacht.
Nun von Federn fein kristallen
Liegt dein Deckbett über allen,
Schneeflöckchen leise,
Bringst uns gute Nacht.

KARL HEINRICH WAGGERL
DAS IST DIE STILLSTE ZEIT IM JAHR

Immer am zweiten Sonntag im Advent stieg der Vater auf den Dachboden und brachte die große Schachtel mit dem Krippenzeug herunter. Ein paar Abende lang wurde dann fleißig geleimt und gemalt, etliche Schäfchen waren ja lahm geworden, und der Esel musste einen neuen Schwanz bekommen, weil er ihn in jedem Sommer abwarf wie ein Hirsch sein Geweih.

Aber endlich stand der Berg wieder wie neu auf der Fensterbank, mit glänzendem Flitter angeschneit, die mächtige Burg mit der Fahne auf den Zinnen und darunter der Stall. Das war eine recht gemütliche Behausung, eine Stube eigentlich, sogar der Herrgottswinkel fehlte nicht und ein winziges ewiges Licht unter dem Kreuz. Unsere Liebe Frau kniete im seidenen Mantel vor der Krippe, und auf der Strohschütte lag das rosige Himmelskind, leider auch nicht mehr ganz heil, seit ich versucht hatte, ihm mit der Brennschere neue Locken zu drehen. Hinten standen Ochs und Esel und bestaunten das Wunder. Der Ochs bekam sogar ein Büschel Heu ins Maul gesteckt, aber er fraß es ja nie. Und so ist es mit allen Ochsen, sie schauen nur und schauen und begreifen rein gar nichts.

Weil der Vater selber Zimmermann war, hielt er viel darauf, dass auch sein Patron, der heilige Joseph, nicht nur so herumlehnte, er dachte sich in jedem Jahr ein anderes Geschäft für ihn aus. Joseph musste Holz hacken oder die Suppe kochen oder mit der Laterne die Hirten einweisen, die von überallher gelaufen kamen und Käse mitbrachten oder Brot oder was sonst arme Leute zu schenken haben.

Es hauste freilich ein recht ungleiches Volk in unserer Krippe, ein Jäger, der zwei Wilddiebe am Strick hinter sich herzog, aber auch etliche Zinnsoldaten und der Fürst Bismarck und überhaupt alle Bestraften aus der Spielzeugkiste.

Ganz zuletzt kam der Augenblick, auf den ich schon tagelang lauerte. Der Vater klemmte plötzlich meine Schwester zwischen die Knie, und ich durfte ihr das längste Haar aus dem Zopf ziehen, ein ganzes Büschel mitunter, damit man genügend Auswahl hatte, wenn dann ein golden gefiederter Engel darangeknüpft und über der Krippe aufgehängt wurde, damit er sich unmerklich drehte und wachsam umherblickte.

Das Gloria sangen wir selber dazu. Es klang vielleicht ein bisschen grob in unserer breiten Mundart, aber Gott schaut seinen Kindern ja ins Herz und nicht in den Kopf oder aufs Maul. Und es ist auch gar nicht so, dass er etwa nur Latein verstünde.

Mitunter stimmten wir auch noch das Lieblingslied der Mutter an, das vom Tannenbaum. Sie beklagte es ja oft, dass wir so gar keine musikalische Familie waren. Nur sie selber konnte gut singen, hinreißend schön für meine Begriffe, sie war ja auch in ihrer Jugend Kellnerin gewesen. Wir freilich kamen nie über eine Strophe hinaus. Schon bei den ersten Tönen fing die Schwester aus übergroßer Ergriffenheit zu schluchzen an. Der Vater hielt ein paar Takte länger aus, bis er endlich merkte, dass seine Weise in ein ganz anderes Lied gehörte, etwa in das von dem Kanonier auf der Wacht. Ich selber aber konnte in meinem verbohrten Grübeln, wieso denn ein Tannenbaum zur Winterzeit grüne Blätter hatte, die zweite Stimme nicht halten. Daraufhin brachte die Mutter auch mich mit einem Kopfstück zum Schweigen und sang das Lied als Solo zu Ende, wie sie es gleich hätte tun sollen.

Advent, sagt man, sei die stillste Zeit im Jahr. Aber in meinem Bubenalter war es keineswegs die stillste Zeit. In diesen Wochen lief die Mutter mit hochroten Wangen herum, wie mit Sprengpulver geladen, und die Luft in der Küche war sozusagen geschwängert mit Ohrfeigen. Dabei roch die Mutter so unbeschreiblich gut, überhaupt ist ja der Advent die Zeit der köstlichen Gerüche. Es duftet nach Wachslichtern, nach angesengtem Reisig, nach Weihrauch und Bratäpfeln. Ich sage ja nichts gegen Lavendel und Rosenwasser, aber Vanille riecht doch eigentlich viel besser, oder Zimt und Mandeln.

Mich ereilten dann die qualvollen Stunden des Teigrührens. Vier Vaterunser das Fett, drei die Eier, ein ganzer Rosenkranz für Zucker und Mehl. Die Mutter hatte die Gewohnheit, alles Zeitliche in ihrer Kochkunst nach Vaterunsern zu bemessen, aber die mussten laut und sorgfältig gebetet werden, damit ich keine Gelegenheit fände, den Finger in den köstlichen Teig zu tauchen. Wenn ich nur erst den Bubenstrümpfen entwachsen wäre, schwor ich mir damals, dann wollte ich eine ganze Schüssel voll Kuchenteig aufessen, und die Köchin sollte beim geheizten Ofen stehen und mir dabei zuschauen müssen! Aber leider, das ist einer von den Knabenträumen geblieben, die sich nie erfüllt haben.

Am Abend nach dem Essen wurde der Schmuck für den Christbaum erzeugt. Auch das war ein unheilschwangeres Geschäft. Damals konnte man noch ein Buch echten Blattgoldes für ein paar Kreuzer beim Krämer kaufen. Aber nun galt es, Nüsse in Leimwasser zu tauchen und ein hauchdünnes Goldhäutchen herumzublasen. Das Schwierige bei der Sache war, dass man vorher nirgendwo Luft von sich geben durfte. Wir saßen alle in der Runde und liefen braunrot an vor Atemnot, und dann geschah es eben doch, dass jemand plötzlich niesen musste. Im gleichen Augenblick segelte eine Wolke von glänzenden Schmetterlingen durch die Stube. Einerlei, wer den Zauber verschuldet hatte, das Kopfstück bekam jedenfalls ich, obwohl es nur bewirkte, dass sich der goldene Unsegen von Neuem in die Lüfte hob. Ich wurde dann in die Schlafkammer verbannt und musste Silberpapier um Lebkuchen wickeln, um ungezählte Lebkuchen.

Kurz vor dem Fest, sinnigerweise am Tag des ungläubigen Thomas, musste der Wunschzettel für das Christkind geschrieben werden, ohne Kleckse und Fehler, versteht sich, und mit Farben sauber ausgemalt. Zuoberst verzeichnete ich anstandshalber, was ja ohnehin von selber eintraf, die Pudelhaube oder jene Art von Wollstrümpfen, die so entsetzlich bissen, als ob sie mit Ameisen gefüllt wären. Darunter aber schrieb ich Jahr für Jahr mit hoffnungsloser Geduld den kühnsten meiner Träume, den Anker-Steinbaukasten, ein Wunderwerk nach allem, was ich davon gehört hatte. Ich glaube ja heute noch, dass sogar die Architekten der Jahrhundertwende ihre Eingebungen von dorther bezogen haben.

Aber ich selber bekam ihn ja nie, wahrscheinlich wegen der ungemein sorgfältigen Buchhaltung im Himmel, die alles genau verzeichnete, gestohlene Zuckerstücke und zerbrochene Fensterscheiben und ähnliche Missetaten, die sich durch ein paar Tage auffälliger Frömmigkeit vor Weihnachten auch nicht mehr abgelten ließen.

Wenn mein Wunschzettel endlich fertig vor dem Fenster lag, musste ich aus brüderlicher Liebe auch noch den für meine Schwester schreiben. Ungemein zungenfertig plapperte sie von einer Schlafpuppe, einem Kramladen, lauter albernes Zeug. Da und dort schrieb ich wohl ein heimliches »Muss nicht sein« dazu, aber vergeblich. Am Heiligen Abend konnte sie doch eine Menge von Früchten ihrer Unverschämtheit ernten.

Der Vater, als Haupt und Ernährer unserer Familie, brauchte natürlich keinen Wunschzettel zu liefern. Für ihn dachte sich die Mutter in jedem Jahr etwas Besonderes aus. Ich erinnere mich noch an ein Sitzkissen, das sie ihm einmal bescherte, ein Wunderwerk aus bemaltem Samt, mit einer Goldschnur eingefasst. Er bestaunte es auch sehr und lobte es überschwänglich, aber eine Weile später schob er es doch heimlich wieder zur Seite. Offenbar wagte es nicht einmal er, auf einem röhrenden Hirschen zu sitzen, mitten im Hochgebirge.

Für uns Kinder war es hergebracht, dass wir nichts schenken durften, was wir nicht selber gemacht hatten. Meine Schwester konnte sich leicht helfen, sie war ja immerhin ein Frauenzimmer und verstand sich auf die Strickerei oder sonst eine von diesen hexenhaften Weiberkünsten, die mir zeitlebens unheimlich gewesen sind. Einmal nun dachte auch ich etwas Besonderes zu tun. Ich wollte den Nähsessel der Mutter mit Kufen versehen und einen Schaukelstuhl daraus machen, damit sie ein wenig Kurzweil hätte, wenn sie am Fenster sitzen und meine Hosen flicken musste. Heimlich sägte ich also und hobelte in der Holzhütte, und es geriet mir auch alles vortrefflich. Auch der Vater lobte die Arbeit und meinte, es sei eine großartige Sache, wenn es uns nur auch gelänge, die Mutter in diesen Stuhl hineinzulocken.

Aber aufgeräumt, wie sie am Heiligen Abend war, tat sie mir wirklich den Gefallen. Ich wiegte sie, sanft zuerst und allmählich ein bisschen schneller, und es gefiel ihr ausnehmend wohl. Niemand merkte jedenfalls, dass die Mutter immer stiller und blasser wurde, bis sie plötzlich ihre Schürze an den Mund presste – es war durchaus kein Gelächter, was sie damit ersticken musste. Lieber, sagte sie hinterher, weit lieber wollte sie auf einem wilden Kamel durch die Wüste Sahara reiten, als noch einmal in diesem Stuhl sitzen! Und tatsächlich, noch auf dem Weg zur Mette hatte sie einen glasigen Blick, etwas seltsam Wiegendes in ihrem Schritt.

TONI LAUERER
APFENT

Der Apfent ist die schönste Zeit vom Winter.

Die meisten Leute haben im Winter eine Grippe. Die ist mit Fieber. Wir haben auch eine, aber die ist mit Beleuchtung und man schreibt sie mit K.

Drei Wochen bevor das Christkindl kommt, stellt Papa die Krippe im Wohnzimmer auf und meine kleine Schwester und ich dürfen mithelfen. Viele Krippen sind langweilig, aber die unsere nicht, weil wir haben mords tolle Figuren darin. Ich habe einmal den Josef und das Christkindl auf den Ofen gestellt, damit sie es schön warm haben und es war ihnen zu heiß. Das Christkindl ist schwarz geworden und den Josef hat es in lauter Trümmer zerrissen. Ein Fuß von ihm ist bis in den Plätzlteig geflogen und es war kein schöner Anblick. Meine Mama hat mich geschimpft und gesagt, dass nicht einmal die Heiligen vor meiner Blödheit sicher sind.

Wenn Maria ohne Mann und ohne Kind rumsteht, schaut es nicht gut aus. Aber ich habe Gott sei Dank viele Figuren in meiner Spielkiste und der Josef ist jetzt Donald Duck. Als Christkindl wollte ich den Asterix nehmen, weil der ist als einziger so klein, dass er in den Futtertrog gepasst hätte. Da hat meine Mama gesagt, man kann doch als Christkindl keinen Asterix hernehmen, da ist ja das verbrannte Christkindl noch besser. Es ist zwar schwarz, aber immerhin ein Christkindl.

Hinter dem Christkindl stehen zwei Ochsen, ein Esel, ein Nilpferd und ein Brontosaurier. Das Nilpferd und den Saurier habe ich hineingestellt, weil der Ochs und der Esel waren mir allein zu langweilig.

Links neben dem Stall kommen gerade die heiligen drei Könige daher. Ein König ist dem Papa im letzten Apfent beim Putzen heruntergefallen und war dodal hin. Jetzt haben wir nur mehr zwei heilige Könige und einen heiligen Batman als Ersatz.

Normal haben die drei heiligen Könige einen Haufen Zeug für das Christkindl dabei, nämlich Gold, Weihrauch und Pürree oder so ähnlich. Von den unseren hat einer anstatt Gold ein Kaugummipapierl dabei, das glänzt auch schön. Der andere hat eine Marlboro in der Hand, weil wir keinen Weihrauch haben. Aber die Marlboro raucht auch schön, wenn man sie anzündet. Der heilige Batman hat eine Pistole dabei. Das war zwar kein Geschenk für das Christkindl, aber damit kann er es vor dem Saurier beschützen.

Hinter den drei Heiligen sind ein paar rothäutige Indianer und ein kaasiger Engel. Dem Engel ist ein Fuß abgebrochen, darum haben wir ihn aufs Motorrad gesetzt, damit er sich leichter tut. Mit dem Motorrad kann er fahren, wenn er nicht gerade fliegt.

Rechts neben dem Stall haben wir ein Rotkäppchen hingestellt. Sie hat eine Pizza und drei Weizen für die Oma dabei und reißt gerade eine Marone ab. Einen Wolf haben wir nicht, darum luhrt hinter dem Baum ein Bummel als Ersatz-Wolf hervor.

Mehr steht in unserer Krippe nicht, aber das reicht voll. Am Abend schalten wir die Lampe an und dann ist unsere Krippe erst so richtig schön. Wir sitzen so herum und singen Lieder vom Apfent. Manche gefallen mir, aber die meisten sind mir zu lusert. Mein Opa hat mir ein Gedicht vom Apfent gelernt und es geht so: »Apfent, Apfent, der Bärwurz brennt. Erst trinkst oan, dann zwoa drei vier, dann hautsde mit dein Hirn an d'Tür!« Obwohl dieses Gedicht recht schön ist, hat Mama gesagt, dass ich es mir nicht merken darf.

Im Apfent wird auch gebastelt. Wir haben eine große Schüssel voll Nüsse und eine kleine voll Goldstaub. Darin wälzen wir die Nüsse, bis sie golden sind und das Christkindl hängt sie später an den Christbaum. Man darf nicht fest schnaufen, weil der Goldstaub ist dodal leicht und er fliegt herum, wenn man hinschnauft.

Einmal habe ich vorher in den Goldstaub ein Niespulver hineingetan und wie mein Vater die erste Nuss darin gewälzt hat, tat er einen Nieserer, dass es ihn gerissen hat und sein Gesicht war goldern und die Nuss nicht. Mama hat ihn geschimpft, weil er keine Beherrschung hat und sie hat gesagt, er stellt sich dümmer als wie ein Kind. Meinem Vater war es recht zuwider und er hat nicht mehr mitgetan. Er hat gesagt, dass bei dem Goldstaub irgendetwas nicht stimmt und Mama hat gesagt, dass höchstens bei ihm etwas nicht stimmt. Ich habe mich sehr gefreut, weil es war insgesamt ein lustiger Apfentabend.

Kurz vor Weihnachten müssen wir unsere Wunschzettel schreiben. Meine Schwester wünscht sich meistens Puppen oder sonst ein Glump. Ich schreibe vorsichtshalber gleich mehr Sachen darauf und zum Schluss schreibe ich dem Christkindl, es soll einfach so viel kaufen, bis das Geld ausgeht. Meine Mama sagt, das ist eine Unverschämtheit und irgendwann bringt mir das Christkindl gar nichts mehr, weil ich nicht bescheiden bin. Aber bis jetzt habe ich immer etwas gekriegt. Und wenn ich groß bin und ein Geld verdiene, dann kaufe ich mir selber etwas und bin überhaupt nicht bescheiden. Dann kann sich das Christkindl von mir aus ärgern, weil dann ist es mir wurscht.

Bis man schaut, ist der Apfent vorbei und Weihnachten auch und mit dem Jahr geht es dahin. Die Geschenke sind ausgepackt und man kriegt bis Ostern nichts mehr, höchstens, wenn man vorher Geburtstag hat.

Aber eins ist gwies: Der Apfent kommt immer wieder.

HEINRICH SEIDEL
DER WUNSCHZETTEL

»Das Weihnachtsfest naht schon heran« –
der Hansel sagt's beim Essen –,
»die Wünsche meld ich euch jetzt an,
ihr dürft sie nicht vergessen!

Um Ski und Schlittschuh möchte ich
euch ganz besonders bitten;
auch fehlt, ihr wisst es sicherlich,
mir noch ein neuer Schlitten.

Drei dicke Bücher wünsch ich mir,
Briefmarken auch daneben,
dazu ein Album und Papier,
um sie schön einzukleben.

Ein Domino, ein Schachbrettspiel,
ein Kasperletheater –
und einen neuen Peitschenstiel
vergiss nicht, lieber Vater!

Und viele Tiere auch von Holz
und andere aus Pappe,
Indianerfederkopfschmuck stolz
und eine neue Mappe.

Ein Brennglas, eine Kamera,
ein Blitzlicht für die Nacht; –
ich knipse dann von fern und nah,
wie sich's gerade macht.

Und einen großen Tannenbaum,
dran hundert Lichter glänzen,
mit Marzipan und Zuckerschaum
und Schokoladenkränzen.

Doch scheint euch dies ein wenig viel,
so könnt ihr daraus wählen.
Es könnte wohl der Peitschenstiel
und auch die Mappe fehlen!«

Als Hansel so gesprochen hat,
sieht man die Eltern lachen.
»Was willst du, kleiner Nimmersatt,
mit all den vielen Sachen?«

»Wer so viel wünscht«, der Vater spricht,
»bekommt auch nicht ein Achtel.
Er kriegt ein ganz klein wenig Nix
in einer Pfennigschachtel.«

PLÄTZCHEN BACKEN
SPEKULATIUS

Zutaten:

300 g Zucker
250 g Butter
2 Eier
500 g Mehl
je eine Messerspitze
  gemahlene Nelken und
  gemahlener Kardamom
½ TL Zimt
Mandelblättchen
1 Prise Salz

1. Den Zucker mit der zimmerwarmen Butter vermengen und gut rühren. Die Eier hinzugeben und alles cremig-schaumig schlagen.
2. Nun die Gewürze hinzu sowie das Mehl, von dem vorher 3 bis 5 Esslöffel abgenommen werden, um später das Blech, die Formen und den Teig einzumehlen.
3. Den gutgewalkten Teig mit Mehl bestäuben und über Nacht stehen lassen.
4. Teig ausrollen, die Figuren ausstechen oder mit »Modeln« (Holzbretter mit eingeschnitzten Figuren) formen und auf das gemehlte Blech legen. Die Teigstücke mit Mandelblättchen belegen.
5. Etwa 10 Minuten lang bei 200 Grad backen.

ANISPLÄTZCHEN

Zutaten:

250 g Puderzucker
2 Eier
1 EL Milch
½ TL Hirschhornsalz
½ TL Anispulver
300 g Mehl

1. Puderzucker, Eier und Milch gut verrühren.
2. Unter die cremige Masse das in einem Esslöffel Wasser aufgelöste Hirschhornsalz, das Anispulver und nach und nach das gesiebte Mehl rühren.
3. Den gekneteten Teig mit Mehl bestäuben, etwa 1 cm stark ausrollen und kleine Rechtecke ausschneiden.
4. Über Nacht kaltstellen und trocknen lassen.

5. Auf einem gefetteten Blech bei mäßiger Hitze etwa 25 Minuten backen.
6. Die zunächst harten Plätzchen mit einem Tuch bedecken und eine Woche stehenlassen, danach im geschlossenen Gefäß aufbewahren.

GEWÜRZPLÄTZCHEN

Zutaten:

250 g Mehl
1 Päckchen Pudding-
    pulver (Vanille- oder
    Mandelgeschmack)
½ Päckchen Backpulver
1 ½ TL
    Pfefferkuchengewürz
3 EL Sahne
1 Ei
80 g Zucker
1 Prise Salz
30 g geraspeltes Zitronat
50 g gehackte Mandeln
5 bittere Mandeln
125 g Margarine
Korinthen
Zuckerglasur

1. Mehl, Pudding, Backpulver und Pfefferkuchengewürz zusammen sieben, alle übrigen Zutaten unterarbeiten.
2. Nicht zu dünn ausrollen und beliebig ausstechen.
3. Bei Mittelhitze auf gefettetem Blech backen und mit Zuckerglasur überziehen.

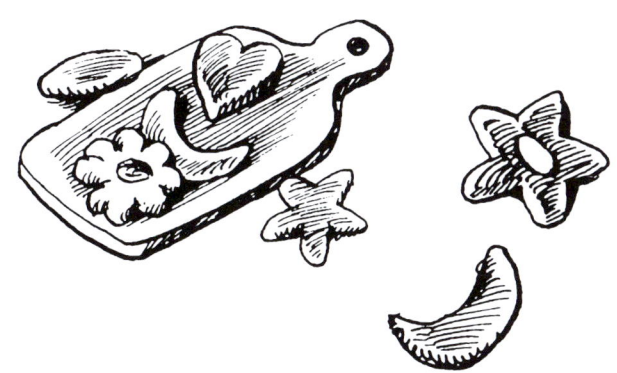

HONIGKUCHENPLÄTZCHEN

Zutaten:

500 g Kunsthonig
350 g Zucker
50 g Butter
1000 g Mehl
1 Prise Salz
1 Prise Zimt
1 TL gemahlene
 Gewürznelken
125 g gemahlene
 Mandeln
abgeriebene Schale einer
 Zitrone
100 g feingewürfeltes
 Zitronat
1 Ei
10 g Hirschhornsalz
3 EL Rum
Für die Glasur:
5 EL Puderzucker
3 EL Rum

1. Kunsthonig, Zucker und Butter in einen Topf geben und vorsichtig erwärmen.
2. Das Mehl, die Gewürze und das Zitronat in einer Schüssel mischen.
3. Die nicht zu heiße Honigmasse darübergeben, dann das Ei und das in Rum aufgelöste Hirschhornsalz hinzufügen.
4. Den glatten Teig 24 Stunden ruhen lassen.
5. Den Teig gleichmäßig ausrollen und mit Formen Plätzchen ausstechen.
6. Bei 175 Grad auf einem gefetteten Blech backen. Nicht zu stark backen, sonst werden die Plätzchen hart und trocken.
7. Die noch warmen Plätzchen mit Rumglasur bestreichen.
Sollen die Plätzchen mehrere Wochen – am besten in einem Steintopf – aufbewahrt werden, pro 500 g Mehl 100 g mehr Butter hinzugeben.

THEODOR FONTANE
VERSE ZUM ADVENT

Noch ist Herbst nicht ganz entflohn,
Aber als Knecht Ruprecht schon
Kommt der Winter hergeschritten,
Und alsbald aus Schnees Mitten
Klingt des Schlittenglöckleins Ton.

Und was jüngst noch, fern und nah,
Bunt auf uns herniedersah,
Weiß sind Türme, Dächer, Zweige,
Und das Jahr geht auf die Neige,
Und das schönste Fest ist da.

Tag du der Geburt des Herrn,
Heute bist du uns noch fern,
Aber Tannen, Engel, Fahnen
Lassen uns den Tag schon ahnen,
Und wir sehen schon den Stern.

HERMANN LÖNS
DER ALLERERSTE WEIHNACHTSBAUM

Der Weihnachtsmann ging durch den Wald. Er war ärgerlich. Sein weißer Spitz, der sonst immer lustig bellend vor ihm herlief, merkte das und schlich hinter seinem Herrn mit eingezogener Rute her.

Er hatte nämlich nicht mehr die rechte Freude an seiner Tätigkeit. Es war alle Jahre dasselbe. Es war kein Schwung in der Sache. Spielzeug und Esswaren, das war auf die Dauer nichts. Die Kinder freuten sich wohl darüber, aber quieken sollten sie und jubeln und singen, so wollte er es, das taten sie aber nur selten.

Den ganzen Dezembermonat hatte der Weihnachtsmann schon darüber nachgegrübelt, was er wohl Neues erfinden könne, um einmal wieder eine rechte Weihnachtsfreude in die Kinderwelt zu bringen, eine Weihnachtsfreude, an der auch die Großen teilnehmen würden. Kostbarkeiten durften es auch nicht sein, denn er hatte soundsoviel auszugeben und mehr nicht.

So stapfte er denn auch durch den verschneiten Wald, bis er auf dem Kreuzweg war. Dort wollte er das Christkindchen treffen. Mit dem beriet er sich nämlich immer über die Verteilung der Gaben.

Schon von weitem sah er, dass das Christkindchen da war, denn ein heller Schein war dort. Das Christkindchen hatte ein langes weißes Pelzkleidchen an und lachte über das ganze Gesicht. Denn um es herum lagen große Bündel Kleeheu und Bohnenstiegen und Espen- und Weidenzweige, und daran taten sich die hungrigen Hirsche und Rehe und Hasen gütlich. Sogar für die Sauen gab es etwas: Kastanien, Eicheln und Rüben.

Der Weihnachtsmann nahm seinen Wolkenschieber ab und bot dem Christkindchen die Tageszeit. »Na, Alterchen, wie geht's?«, fragte das Christkind. »Hast wohl schlechte Laune?« Damit hakte es den Alten unter und ging mit ihm. Hinter ihnen trabte der kleine Spitz, aber er sah gar nicht mehr betrübt aus und hielt seinen Schwanz kühn in die Luft.

»Ja«, sagte der Weihnachtsmann, »die ganze Sache macht mir so recht keinen Spaß mehr. Liegt es am Alter oder an sonst was, ich weiß nicht. Das mit den Pfefferkuchen und den Äpfeln und Nüssen, das ist nichts mehr. Das essen sie auf, und dann ist das Fest vorbei. Man müsste etwas Neues erfinden, etwas, das nicht zum Essen und nicht zum Spielen ist, aber wobei Alt und Jung singt und lacht und fröhlich wird.«

Das Christkindchen nickte und machte ein nachdenkliches Gesicht; dann sagte es: »Da hast du recht, Alter, mir ist das auch schon aufgefallen. Ich habe daran auch schon gedacht, aber das ist nicht so leicht.«

»Das ist es ja gerade«, knurrte der Weihnachtsmann, »ich bin zu alt und zu dumm dazu. Ich habe schon richtiges Kopfweh vom vielen Nachdenken, und es fällt mir doch nichts Vernünftiges ein. Wenn es so weitergeht, schläft allmählich die ganze Sache ein, und es wird ein Fest wie alle anderen, von dem die Menschen dann weiter nichts haben als Faulenzen, Essen und Trinken.«

Nachdenklich gingen beide durch den weißen Winterwald, der Weihnachtsmann mit brummigem, das Christkindchen mit nachdenklichem Gesicht. Es war so still im Wald, kein Zweig rührte sich, nur wenn die Eule sich auf einen Ast setzte, fiel ein Stück Schneebehang mit halblautem Ton herab. So kamen die beiden, den Spitz hinter sich, aus dem hohen Holz auf einen alten Kahlschlag, auf dem große und kleine Tannen standen. Das sah wunderschön aus. Der Mond schien hell und klar, alle Sterne leuchteten, der Schnee sah aus wie Silber, und die Tannen standen darin, schwarz und weiß, dass es eine Pracht war. Eine fünf Fuß hohe Tanne, die allein im Vordergrund stand, sah besonders reizend aus. Sie war regelmäßig gewachsen, hatte auf jedem Zweig einen Schneestreifen, an den Zweigspitzen kleine Eiszapfen und glitzerte und flimmerte nur so im Mondenschein.

Das Christkindchen ließ den Arm des Weihnachtsmannes los, stieß den Alten an, zeigte auf die Tanne und sagte: »Ist das nicht wunderhübsch?«

»Ja«, sagte der Alte, »aber was hilft mir das?«

»Gib ein paar Äpfel her«, sagte das Christkindchen, »ich habe einen Gedanken.«

Der Weihnachtsmann machte ein dummes Gesicht, denn er konnte es sich nicht recht vorstellen, dass das Christkind bei der Kälte Appetit auf die eiskalten Äpfel hatte. Er hatte zwar noch einen guten alten Schnaps, aber den mochte er dem Christkindchen nicht anbieten.

Er machte sein Tragband ab, stellte seine riesige Kiepe in den Schnee, kramte darin herum und langte ein paar recht schöne Äpfel heraus. Dann fasste er in die Tasche, holte sein Messer heraus, wetzte es an einem Buchenstamm und reichte es dem Christkindchen.

»Sieh, wie schlau du bist«, sagte das Christkindchen. »Nun schneid mal etwas Bindfaden in zwei fingerlange Stücke und mach mir kleine Pflöckchen.«

Dem Alten kam das alles etwas ulkig vor, aber er sagte nichts und tat, was das Christkind ihm sagte. Als er die Bindfadenenden und die Pflöckchen fertig hatte, nahm das Christkind einen Apfel, steckte ein Pflöckchen hinein, band den Faden daran und hängte den an einen Ast.

»So«, sagte es dann, »nun müssen auch an die anderen welche, und dabei kannst du helfen, aber vorsichtig, dass kein Schnee abfällt!«

Der Alte half, obgleich er nicht wusste, warum. Aber es machte ihm schließlich Spaß, und als die ganze kleine Tanne voll von rotbäckigen Äpfeln hing, da trat er fünf Schritte zurück, lachte und sagte; »Kiek, wie niedlich das aussieht! Aber was hat das alles für'n Zweck?«

»Braucht denn alles gleich einen Zweck zu haben?«, lachte das Christkind. »Pass auf, das wird noch schöner. Nun gib mal Nüsse her!«

Der Alte krabbelte aus seiner Kiepe Walnüsse heraus und gab sie dem Christkindchen. Das steckte in jedes ein Hölzchen, machte einen Faden daran, rieb immer eine Nuss an der goldenen Oberseite seiner Flügel, dann war die Nuss golden, und die nächste an der silbernen Unterseite seiner Flügel, dann hatte es eine silberne Nuss und hängte sie zwischen die Äpfel.

»Was sagst nun, Alterchen?«, fragte es dann. »Ist das nicht allerliebst?«

»Ja«, sagte der, »aber ich weiß immer noch nicht …«

»Komm schon!«, lachte das Christkindchen. »Hast du Lichter?«

»Lichter nicht«, meinte der Weihnachtsmann, »aber 'nen Wachsstock!«

»Das ist fein«, sagte das Christkind, nahm den Wachsstock, zerschnitt ihn und drehte erst ein Stück um den Mitteltrieb des Bäumchens und die anderen Stücke um die Zweigenden, bog sie hübsch gerade und sagte dann: »Feuerzeug hast du doch?«

»Gewiss«, sagte der Alte, holte Stein, Stahl und Schwammdose heraus, pinkte Feuer aus dem Stein, ließ den Zunder in der Schwammdose zum Glimmen kommen und steckte daran ein paar Schwefelspäne an. Die gab er dem Christkindchen. Das nahm einen hellbrennenden Schwefelspan und steckte damit erst das oberste Licht an, dann das nächste davon rechts, dann das gegenüberliegende. Und rund um das Bäumchen gehend, brachte es so ein Licht nach dem andern zum Brennen.

Da stand nun das Bäumchen im Schnee; aus seinem halbverschneiten, dunklen Gezweig sahen die roten Backen der Äpfel, die Gold- und

Silbernüsse blitzten und funkelten, und die gelben Wachskerzen brannten feierlich. Das Christkindchen lachte über das ganze rosige Gesicht und patschte in die Hände, der alte Weihnachtsmann sah gar nicht mehr so brummig aus, und der kleine Spitz sprang hin und her und bellte.

Als die Lichter ein wenig heruntergebrannt waren, wehte das Christkindchen mit seinen goldsilbernen Flügeln, und da gingen die Lichter aus. Es sagte dem Weihnachtsmann, er solle das Bäumchen vorsichtig absägen. Das tat der, und dann gingen beide den Berg hinab und nahmen das bunte Bäumchen mit.

Als sie in den Ort kamen, schlief schon alles. Beim kleinsten Hause machten die beiden halt. Das Christkindchen machte leise die Tür auf und trat ein; der Weihnachtsmann ging hinterher. In der Stube stand ein dreibeiniger Schemel mit einer durchlochten Platte. Den stellten sie auf den Tisch und steckten den Baum hinein. Der Weihnachtsmann legte dann noch allerlei schöne Dinge, Spielzeug, Kuchen, Äpfel und Nüsse unter den Baum, und dann verließen beide das Haus so leise, wie sie es betreten hatten.

Als der Mann, dem das Häuschen gehörte, am andern Morgen erwachte und den bunten Baum sah, da staunte er und wusste nicht, was er dazu sagen sollte. Als er aber an dem Türpfosten, den des Christkinds Flügel gestreift hatte, Gold- und Silberflimmer hängen sah, da wusste er Bescheid. Er steckte die Lichter an dem Bäumchen an und weckte Frau und Kinder. Das war eine Freude in dem kleinen Haus wie an keinem Weihnachtstag. Keines von den Kindern sah nach dem Spielzeug, nach dem Kuchen und den Äpfeln, sie sahen nur alle nach dem Lichterbaum. Sie fassten sich an den Händen, tanzten um den Baum und sangen alle Weihnachtslieder, die sie wussten, und selbst das Kleinste, das noch auf dem Arm getragen wurde, krähte, was es krähen konnte.

Als es helllichter Tag geworden war, da kamen die Freunde und Verwandten des Bergmanns, sahen sich das Bäumchen an, freuten sich darüber und gingen gleich in den Wald, um sich für ihre Kinder auch ein Weihnachtsbäumchen zu holen.

Die anderen Leute, die das sahen, machten es nach, jeder holte sich einen Tannenbaum und putzte ihn an, der eine so, der andere so, aber Lichter, Äpfel und Nüsse hängten sie alle daran.

Als es dann Abend wurde, brannte im ganzen Dorf Haus bei Haus ein Weihnachtsbaum, überall hörte man Weihnachtslieder und das Jubeln und Lachen der Kinder.

Von da aus ist der Weihnachtsbaum über ganz Deutschland gewandert und von da über die ganze Erde. Weil aber der erste Weihnachtsbaum am Morgen brannte, so wird in manchen Gegenden den Kindern morgens beschert.

HANS FALLADA
WEIHNACHTEN DER PECHVÖGEL

Ich möcht wirklich gern mal wissen, wie das bei anderen Leuten mit ihren Festtagen und besonders mit Weihnachten ist, ob da alles wirklich immer klappt?

Natürlich tun wir stets so, als sei auch bei uns alles in Ordnung, aber ich hab noch kein Weihnachtsfest erlebt, wo's glatt ging bei uns. Dass eines von uns zum Fest todsterbenskrank wird, das ist noch 'ne Kleinigkeit, aber was meint ihr zu 'nem Heiligen Abend, wo 'ne halbe Stunde vor der Bescherung uns Einbrecher alle Geschenke einschließlich Baum und Festbraten klauten?

Das kommt natürlich alles daher, dass wir »Pech« heißen; wer Pech heißt, muss auch Pech haben, sagt Vater immer. Ich selbst heiße Peter Pech. Die Geschichte aber, wie's Weihnachten 1945 bei uns zuging, erzähle ich nur darum, um sie an eine Zeitung zu verkaufen.

Ich sollte also einen Baum besorgen. Auf dem Pennal haben wir in unserer Klasse einen bärtigen Knaben gehabt, dessen Vetter, von dem der Vatersbruder, also so was wie 'n Stiefonkel, der ist Förster bei Falkensee in der Drehe. Mit dem Knaben bin ich schnell handelseinig geworden: Er lieferte mir 'ne Fichte von zwei Meter zwanzig, und ich lieferte ihm ein halbes Jahr lang alle deutschen Aufsätze im vorbildlichen Pechstil. Als Liefertermin – denn ich bin ein Pech, das heißt, ein vorsichtig-misstrauischer Mensch – war der 1. Dezember vorgesehen. Aber bereits um den 7. herum begriff ich, dass mein Knabe hinreichend langsamen Geistes war, um mir bestenfalls zum 1. Dezember 1946 besagte Fichte zu liefern. Musste ich also 'nen anderen Lieferanten finden, und allmählich, das heißt so am 8. Dezember, wurde es ja auch an der Zeit. Zu meinen Ämtern gehörte es auch, Bier aus unserer Eckkneipe zu holen, wenn Pechens sich gerade mal Bier spendierten.

Unsere Wirtin »Qualle« (von wegen ihrer Wabbligkeit so getauft) machte mich mit einem biederen Greis bekannt, einem Alten, Besitzer sowohl eines graugelben Schnauzbartes als auch eines Dauer-Nasen-Tropfens, der immer zu drippen drohte und doch nie fiel.

»Weeßte, junger Mann«, sprach der Greis und funkelte diamanten unter der Nase, »weeßte, ick ha' da noch an die Stücker een Dutzend Christbäume stehen. Du machst Stücker viere ab und schleppst se bei Muttan, und daderfor sollste eenen von de viere kriejen, ohne Spesen!«

»Ick wer' meenen Bruder Paule mitnehmen«, sagte ich.

»Nischt!«, antwortete der weißgelbgraue Schnauz. »Beil jenügt. Un knöpp et dir untan Überzieha, sonst latschen uns jleich sechse nach, un ick bin meine Bäume los!«

»Ick wer't Beil in 'ne Aktentasche tun«, schlug ich vor. »Aber Paul könnte trajen helfen!«

»Nischt!«, sprach der trutzige Greis von altem Schrot und Korn. »Nur wa zwee beede. Sonst nischt. Um sechse früh uff en Sonntag bei die Pankower Kirche!«

Am Sonntag hat mich der Biedere versetzt und sich am Dienstag, als ich ihn glücklich in der Eckkneipe erwischte, mit Reißmatüchtig entschuldigt.

Aber am Sonntag, der kam, fuhren wir wirklich mit der 49 nach Buchholz raus. Nasentröpfchen rauchte aus einer halblangen Porzellanpiepe, auf deren Kopf Seine Majestät der Kaiser noch in Kürassieruniform residierte, gewaltige Wolken stinkenden Eigenbaues blasend, als wir durch Buchholzens Kleingärten marschierten.

Schließlich hielt der rüstig fürbass Schreitende inne. Es war ein mächtig feines Grundstück mit alten Bäumen und viel Gebüsch. Ich fragte: »Und das Grundstück gehört Ihnen?! Das muss ja ein paar Hunderttausend wert sein!«

»Nischt!«, antwortete er wieder einmal. »Meenen Sohn seine Frau. Aba ick ha' de Verwaltung!«

Er kramte in seinen Taschen nach dem Schlüssel und rauchte dabei wie eine Enttrümmerungslokomotive. Er kramte ziemlich länglich.

»Na –?«, fragte ich schließlich.

»Nischt!«, antwortete er und gab's auf.

»Ick ha' den Schlüssel noch uff' en Tisch jepackt. Un nu doch vajessen!
Hilft nischt! Müssen wa noch mal 'raus! Nächsten Freitag kann ick!«

Ich war maßlos enttäuscht. »Freitag is ville zu spät! Können wa nich
jleich heut noch mal?«

»Nischt! Vaabredung!«

»Aber ich muss endlich einen Baum kriegen! Ich habe mich fest auf Sie
verlassen!« (Vor Verzweiflung sprach ich richtig deutsch!)

»Un ick valaß dir nich! Pankower Kirche, Freitag, sechse!«

»Das ist zu spät!«, rief ich wieder. Ich dachte an die Zwillinge Petra und
Palma, auch an den Flachs von Paul, Pamela, Petra und Vater.

»Ach was!«, rief ich. »Helfen Sie mir rüber! Ich schaff es schon!«

»Wenn du meenst, du schaffst det!«

Ich kletterte schon am Zaun hoch, mit einem Fuß stand ich auf der
Klinke. »Reichen Sie mir mal die Aktentasche rüber! – Wo stehen denn
die Bäume?«

»Imma de Neese lang. Hauptwech runter! Dann rechts ab, bis de det
Glasdach vont Gewächshaus sehen tust. Denn links – da stehn se. Nimm
de vier Besten; ick wart denn hier!«

32

Ich gehe los, einmal habe ich mich verbiestert, aber dann habe ich doch hingefunden. Die vier Besten habe ich nicht nehmen können, die waren für die Elektrische viel zu groß, ich habe die vier Kleinsten genommen, die waren auch noch schön genug.

Also, ich hab sie abgehauen und bin gerade dabei, die Zweige mit Bindfaden ein bisschen zusammenzubinden, da krieg ich einen Schlag ins Genick, dass mir schwarz vor den Augen wird und ich glatt auf meine Fichten fliege. Ich rapple mich gleich wieder hoch, da kriege ich einen Schwinger, dass ich wieder zur Erde muss. Schließlich war ich so weit, dass ich die beiden Kerle wütend anschreien konnte: »Lasst das mal gefälligst! Ich habe Erlaubnis!«

»So«, sagt einer in einer grünen Joppe. »Erlaubnis –? Von wem haste denn die Erlaubnis, Sehnchen?«

»Na – von dem Schwiegervater der Besitzerin doch!«

»Ach nee!«, grinste nur der andere. »Schwiegervater von der Besitzerin – gibt's so was auch? Wer ist denn das?«

»Namen weiß ich keinen«, sag ich immer noch wütend. »Aber Sie müssen den Alten doch kennen: Hat 'ne Porzellanpfeife mit dem Kaiser drauf und immer einen Tropfen an der Nase!«

»Wo haste denn den Schwiegervater mit dem Nasentropfen?«

Ich beschrieb ihnen genau, wo er stehen musste.

Die Joppe sagte: »Hol dir noch Ernst und Willi zu und sieh, dass du den Alten fängst. Mit dem Sehnchen hier werde ich schon allein fertig.«

Der Manchesterne zog ab, und die Joppe sagte: »Sehnchen, das werden teure Weihnachten! Da kommste ohne Kittchen nich von ab!«

Bei den Worten wurde mir klar, in welch verdammter Mausefalle ich steckte. Mein Bewacher sagte nun: »Na, denn nimm die Bäume und komm mit!«

Wir mussten nur um ein paar struppig-dichte Gebüsche herumgehen, da standen wir schon vor einer Gebäudegruppe. »Gärtnerei und Baumschulen« las ich.

Nur ein vollendeter Trottel wie der alte »Nischt!« konnte auf die Idee kommen, so in nächster Nähe von bewohnten Gebäuden auf die Tannenbaumernte zu gehen, die mussten den Klang meines Beiles in ihren Stuben gehört haben! Aber, fiel mir ein, so ein vollendeter Trottel war der Alte gar nicht, der lief, da ich nichts von ihm wusste, nicht das geringste Risiko: Wenn ich was brachte, war's gut, fiel ich aber rein, fiel ich allein rein!

Ich wurde in ein Büro gebracht und dort von zwei jungen Burschen bewacht. Dann kam der Chef. Sie fingen an, mich zu vernehmen. Aber eigentlich war nichts zu vernehmen. Ich gab an, Hans Schmidt zu heißen, in der und der Straße zu wohnen und den Alten in einer Kneipe, an die ich mich nicht erinnerte, kennengelernt zu haben. Ich hatte mit gutem Gewissen die Tannenbäume holen wollen. Das war alles, was ich zu wissen vorgab.

So schafften sie mich denn auf die Wache und vernahmen mich dort mit dem gleichen Misserfolg weiter. Am Abend war ich im Hauptpolizeigefängnis gelandet, und am nächsten Tag wurde ich von einem richtigen Kriminalbeamten vernommen. Ich dachte immer nur an die Schande, die ich meiner Familie machen würde, und an den Rausschmiss aus der Schule. Dazu hatte ich noch irgendwelche Kriminalromane im Kopf, nach denen es sehr gut möglich war, sich unter einem falschen Namen verurteilen zu lassen.

Es dauerte sehr lange, bis ich begriff, dass so was – vielleicht! – woanders möglich ist, aber nicht bei uns. Dabei machten mich die Haft und das herannahende Weihnachtsfest immer trübsinniger, ich dachte ständig an die zu Hause, die Todesangst, die sie um mich ausstehen mussten, das völlig verdorbene Fest. Ich war der pechöseste aller Pechs!

Aus diesen düsteren Gedanken wurde ich wieder zur Vernehmung geholt, und wie ich da die Stube betrete, sagte eine geliebte Stimme: »Richtig, Herr Kommissar! Dieser Hans Schmidt ist recte ein Peter Pech – Peter, du Unglücksrabe, komm zu deinem alten Vater!«

Ich bin Vatern in die Arme gestürzt und habe geheult, geheult habe ich! Und mit meinen Tränen habe ich all meine Blindheit und Torheit fortgewaschen, und als ich mein Gesicht endlich wieder abgetrocknet hatte, fing ich an zu erzählen, die Wahrheit, die ganze Wahrheit, nichts als die Wahrheit …

»Ja, so wird ein Schuh draus!«, sagte der Kommissar und machte ein zufriedenes Gesicht. »Nun hören Sie mal zu, mein Sohn …« Und dann hielt er mir eine gepfefferte Strafpredigt über all die Mühe und Arbeit und Kosten, die ich währenddes dem Vater Staat gemacht hatte. Worauf ich mit Vater gehen durfte.

JAMES KRÜSS
TANNENGEFLÜSTER

Wenn die ersten Fröste knistern
In dem Wald bei Bayrisch-Moos,
Geht ein Wispern und ein Flüstern
In den Tannenbäumen los,
Ein Gekicher und Gesumm,
Ringsherum.

Eine Tanne lernt Gedichte,
Eine Lärche hört ihr zu.
Eine dicke alte Fichte
Sagt verdrießlich: Gebt doch Ruh!
Kerzenlicht und Weihnachtszeit
Sind noch weit!

Vierundzwanzig lange Tage
Wird gekräuselt und gestutzt
Und das Wäldchen ohne Frage
Wunderhübsch herausgeputzt.
Wer noch fragt: Wieso? Warum? –
Der ist dumm.

Was das Flüstern hier bedeutet,
Weiß man selbst im Spatzennest:
Jeder Tannenbaum bereitet
Sich nun vor aufs Weihnachtsfest.
Denn ein Tannenbaum zu sein:
Das ist fein!

PUNSCH UND GLÜHWEIN
EIERPUNSCH

Zutaten:

3 Eigelbe
½ Päckchen
Vanillezucker
250 g Zucker
⅛ l Rum
½ l Milch
½ Flasche
halbtrockener Weißwein
¼ l Weinbrand
abgeriebene Schale einer
halben Zitrone

1. Die Eigelbe, Zucker, Vanillezucker und Rum gut verquirlen und unter ständigem Rühren erhitzen, nicht kochen!
2. Unter Rühren nacheinander Milch, abgeriebene Zitronenschale, Weißwein und Weinbrand dazugießen.
3. Auf die Gläser verteilen und schön heiß servieren.

APFEL-AMARETTO-PUNSCH

Zutaten:

2 Äpfel
150 ml Amaretto
¾ l Apfelsaft
½ l Weißwein
1 Vanilleschote

1. Äpfel entkernen und ungeschält in Spalten oder Würfel schneiden.
2. Apfelstücken in Amaretto geben und 30 min ziehen lassen.
3. Apfelsaft, Weißwein und Vanilleschote aufkochen lassen, Apfelstücken dazugeben und erhitzen lassen, aber nicht mehr kochen.
4. In Gläsern mit Zuckerrand servieren.

ADVENTS-KINDERPUNSCH

Zutaten:

½ l Apfelsaft

¼ Früchtetee

1 Orange

1 Zitrone

1 TL Zimt

4 Gewürznelken

2 EL Honig

1. Apfelsaft, Tee und den Saft von Zitrone und Orange vermischen und erhitzen.
2. Zimt und Nelken hinzufügen, kurz aufkochen lassen und mit Honig nach Belieben süßen.
3. Vor dem Servieren die Nelken entfernen.

ORANGEN-GLÜHWEIN

Zutaten:

1 l trockener Rotwein

50 ml Rum

2 Orangen in Scheiben geschnitten

2 Orangen zum Auspressen

8 Gewürznelken

2 Stangen Zimt

2 Sternanis

2 EL Kandiszucker

1. Den Rotwein, die Orangenscheiben und den Orangensaft erhitzen, nicht kochen!
2. Den Kandiszucker darin auflösen und den Rum dazugeben.
3. Weiter kurz vor dem Kochen halten und dabei öfters umrühren.
4. Nach 6 bis 8 Minuten das Getränk auf Gläser verteilen.

PROSECCO-GLÜHWEIN

Zutaten:

1 Flasche Prosecco
250 ml frisch gepresster
   Orangensaft
1 Orange
1 EL Zucker
50 ml
   Holunderblütensirup
60 ml Cointreau
1 Stange Zimt
6 Nelken
1 TL abgeriebene
   Orangenschale

1. Prosecco bis kurz vor den Siedepunkt erhitzen. Zimt, Nelken und Orangenschale hineingeben und 5 min ziehen lassen.
2. Orangensaft, Zucker, Holunderblütensirup und Cointreau zum Prosecco geben und erneut erhitzen, aber nicht kochen lassen!
3. Glasränder mit Cointreau einreiben und in Zucker tauchen, die Orange in Scheiben schneiden und je einen Schnitt bis zur Mitte machen.
4. In die Gläser füllen, zur Dekoration eine Orangenscheibe über den Glasrand hängen.

NIKOLAI NOSSOW
DIE WUNDERKERZEN

Vor dem Neujahrsfest hatten Mischka und ich viel zu tun. Schon lange hatten wir uns auf diesen Tag vorbereitet, bunte Papierketten für den Tannenbaum geklebt, Fähnchen ausgeschnitten und noch anderen Baumschmuck gebastelt.

Alles ging gut, bis Mischka eines Tages das Buch »Wunder der Chemie« aufstöberte. Aus ihm erfuhr er dann, wie man Wunderkerzen selbst herstellen kann.

Nun begann erst das Durcheinander.

Tagelang zerstieß er Schwefel und Zucker in einem Mörser, machte Aluminiumfellspäne und entzündete von diesem Gemisch eine Probe nach der anderen. Ein erstickender, stinkender Qualm zog immer durch das ganze Haus. Die Nachbarn ärgerten sich, und die Wunderkerzen kamen doch nicht zustande.

Mischka aber ließ den Mut nicht sinken. Er lud sogar einige Klassenkameraden zu Neujahr ein und prahlte, dass er selbstgemachte Wunderkerzen haben würde.

»Wisst ihr, wie die aussehen?«, fragte er. »Die funkeln und zerspritzen in feurigen Sternen nach allen Seiten.«

»Was hast du bloß wieder angerichtet!«, sagte ich später zu Mischka. »Lädst alle Jungen ein und hast gar keine Wunderkerzen!«

»Ich werde schon welche haben. Es ist ja noch viel Zeit bis dahin. Das schaffe ich schon!«

Einen Tag vor Neujahr kam er zu mir.

»Das ist eine schöne Geschichte«, begann er. »Mama gab mir Geld für einen Tannenbaum, und ich habe alles für die Wunderkerzen verbraucht!«

»Du machst ja Sachen! Der Tannenbaum fehlt dir auch noch?«

»Wieso denn? Ich fahre jetzt in den Wald und hole mir einen.«

»Wo willst du denn hin?«

»Wohin? Irgendwohin! Ich setze mich einfach in den Zug und fahre los. Tannenbäume gibt es überall.«

»Man müsste am besten nach Gorelkino«, riet ich ihm, »wo wir in den Sommerferien waren. Dort gibt es im Wald viele Tannen.«

»Richtig«, meinte Mischka erfreut, »das ist ein großartiger Einfall von dir. Wollen wir nicht zusammen hinfahren? Wir nehmen uns auch ein Beil mit.«

»Heute ist es zu spät dazu, und morgen muss der Baum schon geschmückt sein«, antwortete ich.

»Es genügt ja, wenn wir ihn abends ausschmücken. Dann können wir morgen noch fahren, gleich nach dem Mittagessen«, sagte er.

»Na schön, fahren wir.«

Als ich am nächsten Tag nach dem Essen zu ihm kam, stampfte er gerade das Gemisch für die Wunderkerzen zurecht.

»Konntest du das nicht schon früher erledigen? Jetzt, wo wir fahren müssen, trödelst du herum.«

»Ich plage mich ja schon den ganzen Vormittag damit. Wahrscheinlich ist zu wenig Schwefel drin. Die Wunderkerzen zischen und qualmen nur. Wollen nicht brennen.«

»Gib's doch endlich auf, kommt ja doch nichts dabei heraus!«

»Das sag nicht. Jetzt wird's bestimmt gelingen. Ich muss nur mehr Schwefel nehmen. Gib mir auch mal den Aluminiumtopf vom Fensterbrett rüber.«

»Wo steht denn der Topf? Ich sehe nur eine Bratpfanne.«

»Eine Bratpfanne? Na, hör mal! Das war mal der Kochtopf. Gib ihn schon her!«

Ich gab ihm also den Topf, und Mischka begann, seinen Rand mit einer Feile zu bearbeiten.

»Du hast also aus dem Topf eine Bratpfanne gemacht?«, fragte ich.

»Na ja, ich brauche doch Aluminiumspäne, und weil ich sie abgefeilt habe, ist eine Bratpfanne daraus geworden … Aber das ist nicht so schlimm, eine Bratpfanne braucht man auch.«

»Und was hat deine Mutter dazu gesagt?«

»Nichts, sie weiß ja nichts davon.«

»Wenn sie es aber merkt?«

»Na und? Dann merkt sie es eben. Wenn ich erwachsen bin, kaufe ich ihr einen neuen Topf.«

»Da kann sie aber noch lange warten!«

»Das macht nichts.«

Mischka kratzte die Feilspäne zusammen, schüttete Pulver aus dem Mörser dazu und übergoss alles mit Leim. Dann verrührte er das Ganze und bekam eine fensterkittähnliche Masse.

Aus dieser Masse formte er nun lange Würstchen, die er auf Drahtstückchen wickelte und schließlich auf ein Brett zum Trocknen legte.

»Na also«, sagte er. »Wenn sie trocken sind, dann sind sie auch fertig. Nur vor Scharik müssen wir sie verstecken.«

»Warum denn?«

»Er frisst sie auf.«

»Das verstehe ich nicht. Fressen Hunde denn Wunderkerzen?«

»Ich weiß nicht, andere Hunde wahrscheinlich nicht. Scharik jedenfalls frisst sie. Einmal hatte ich die Wunderkerzen zum Trocknen auf den Ofen gestellt und kam gerade dazu, als er daran herumnagte. Wahrscheinlich dachte er, es sind Bonbons.«

»Dann verstecke sie doch am besten im Ofen! Da ist es warm, und Scharik kann sie nicht sehen.«

»Nein, das geht nicht. Das habe ich schon mal gemacht, und als Mama den Ofen heizte, sind sie verbrannt. Ich werde sie jetzt auf den Schrank legen.«

Mischka stieg auf einen Stuhl und stellte das Brett mit den Wunderkerzen oben auf den Schrank. Dann zog er sich an, wir nahmen das Beil und sausten zum Bahnhof. Der Zug war natürlich gerade weg, und wir mussten auf den nächsten warten.

Aber auch diese Zeit verging, und endlich saßen wir im Zug. Wir fuhren und fuhren, bis wir endlich anlangten. In Gorelkino stiegen wir aus und gingen in den Wald. Überall waren Tannen, aber keine einzige gefiel Mischka.

»Ich bin nun einmal so«, brüstete er sich, »wenn ich schon im Wald bin, muss ich auch die allerschönste Tanne haben, sonst lohnt's ja erst gar nicht zu fahren!«

Schließlich waren wir mitten im Wald.

»Jetzt müssen wir uns aber beeilen«, sagte ich, »es wird bald dunkel!«

»Was denn beeilen, wenn nichts da ist?«, entgegnete Mischka.

»Aber hier steht doch ein schöner Tannenbaum!«

Mischka betrachtete ihn von allen Seiten.

»Ja, er ist schön …«, meinte er dann. »Natürlich, er ist schön, aber, weißt du, wenn ich die Wahrheit sagen soll – so finde ich ihn überhaupt nicht schön. Er ist zu kurz.«

»Was heißt – zu kurz?«

»Die Spitze ist zu kurz. Bleib mir mit so einem Baum vom Leibe!«

Bald hatten wir eine andere Tanne gefunden.

»Die hinkt ja«, sagte Mischka.

»Sie hinkt?«

»Na ja! Siehst du's denn nicht? Der Fuß ist doch krumm!«

»Was für ein Fuß?«

»Na, der Stamm!«

»Der Stamm? Das hättest du doch gleich sagen können.«

Dicht daneben stand noch eine Tanne.

»Die hat eine Glatze«, meinte Mischka.

»Du hast auch eine Glatze! Wie kann die denn eine Glatze haben?«

»Selbstverständlich hat sie eine Glatze. Siehst du denn nicht, wie kahl ihre Zweige sind? Man kann ja durch und durch sehen! Überall schaut der Stamm hervor. Das ist doch kein Tannenbaum, sondern ein Stock!« So ging es weiter. Entweder waren die Tannen kahl, oder sie hinkten, oder sie hatten eben andere Fehler.

»Wenn ich auf dich höre«, sagte ich endlich zu Mischka, »dann wird es Nacht und wir haben immer noch keinen Baum.«

Ich suchte mir eine passende Tanne aus, schlug sie um und gab Mischka das Beil.

»Beil dich«, sagte ich ihm, »es ist Zeit, nach Hause zu fahren.«

Aber anscheinend wollte er den ganzen Wald absuchen. So viel ich auch bat und schimpfte, nichts half. Er lief von einem Bäumchen zum nächsten. Endlich fand er dann doch eine Tanne nach seinem Geschmack. Er schlug sie um, und wir liefen zum Bahnhof zurück. Wir gingen und gingen, aber der Wald wollte einfach kein Ende nehmen. Schließlich hatten wir uns ganz und gar verirrt.

»Siehst du«, sagte ich, »jetzt hast du was Schönes angerichtet!«

»Was denn schon? Bin ich vielleicht schuld, dass es so schnell dunkel wird?«

»Und wie lange hat's gedauert, bis du eine Tanne gefunden hast? Und wie lange hast du zu Hause getrödelt? Deinetwegen können wir jetzt im Wald übernachten!«

»Mach keinen Unsinn!« Mischka war erschrocken. »Die Jungen wollen doch heute kommen. Wir müssen auf alle Fälle den Weg finden!«

Bald darauf war es ganz dunkel geworden und der Mond ging auf. Wie Riesen umstanden uns die schwarzen Baumstämme. Hinter jedem vermuteten wir Räuber. Wir trauten uns keinen Schritt vorwärts.

Endlich stapfte Mischka als Erster voraus und ich hinterher. Wir gingen und gingen … Nach einiger Zeit blieb ich einen Augenblick stehen, um die Tanne auf die andere Schulter zu legen. Als ich wieder weitergehen wollte, war Mischka plötzlich verschwunden. Er war weg, als hätte ihn die Erde mitsamt seinem Tannenbaum verschluckt.

»Mischka!«, rief ich laut.

Keine Antwort.

»Mischka! He! Wo steckst du?«

Wieder keine Antwort.

Vorsichtig ging ich nun weiter und sah plötzlich einen Abgrund vor mir. Beinahe wäre ich hinuntergesaust. Ganz unten bewegte sich etwas Dunkles.

»He! Bist du das, Mischka?«, fragte ich.

»Ja, ich bin einen Abhang runtergerutscht!«

»Warum antwortest du dann nicht?«

»Wenn du dir das Bein gestoßen hast, vergeht dir das Antworten.«

Ich kroch zu ihm hinunter und landete direkt auf einem Weg. Mischka saß mitten darauf und rieb sich das eine Knie.

»Was fehlt dir denn?«

»Das Knie habe ich mir gestoßen. Wahrscheinlich ist es verrenkt.«

»Tut's denn weh?«

»Und wie das weh tut! Ich muss noch ein bisschen sitzen bleiben.«

»Na schön, bleiben wir ein Weilchen sitzen.«

Ich setzte mich neben ihn in den Schnee, und wir saßen so lange, bis uns kalt wurde.

»Wenn wir hier noch lange bleiben, erfrieren wir«, erklärte ich. »Vielleicht gehen wir ein Stückchen den Weg entlang? Er wird schon irgendwohin führen. Entweder kommen wir zur Station oder in ein Dorf. Wir wollen doch nicht im Wald bleiben!«

Mischka versuchte aufzustehen, stöhnte und ließ sich wieder fallen.

»Ich kann nicht«, sagte er.

Ich dachte nach. Dann schleppte ich den Tannenbaum zu Mischka hin und sagte: »Setz dich lieber da drauf, sonst erkältest du dich noch!«

Als er sich zurechtsetzte, schoss mir plötzlich ein Gedanke durch den Kopf.

»Mischka!«, schrie ich. »Was meinst du, ich könnte dich doch auf der Tanne wie auf einem Schlitten ziehen!«

»Auf der Tanne? Wie denn?«

»Ganz einfach. Du bleibst so sitzen wie jetzt, und ich ziehe am Stamm. Halt dich fest!«

Ich packte den Stamm und zog. Das hatte ich mir wirklich gut ausgedacht. Der Schnee auf dem Weg war glatt und festgefahren, und der Baum ließ sich leicht ziehen. Mischka saß darauf wie auf einem Schlitten.

»Großartig!«, sagte ich. »Hier, halt das Beil!«

Er nahm es, setzte sich bequem hin, und ich zog ihn den Weg entlang. Bald darauf kamen wir aus dem Wald heraus und sahen Lichter vor uns.

»Mischka, da ist der Bahnhof!«

Von fern hörte man einen Zug rollen.

»Beeil dich, sonst verpassen wir den Zug!«, rief Mischka hinter mir. Ich legte mich mit aller Kraft ins Zeug.

»Lauf schneller! Wir kommen sonst zu spät!«, schrie Mischka trotzdem noch einmal.

Der Zug näherte sich schon der Station. Wir kamen gerade noch zurecht. Ich half Mischka auf das Trittbrett, und schon setzte sich der Zug in Bewegung. Da sprang auch ich schnell auf und drängte mich mit meinem Baum in den Wagen. Die Mitreisenden schimpften auf uns und unseren stachligen Baum.

Jemand fragte: »Woher habt ihr denn diese gerupfte Tanne?«

Darauf erzählten wir, wie es uns im Wald ergan-
gen war.

Alle bemitleideten uns. Eine Frau zog Mischka
zu sich auf die Bank, streifte ihm den Filzstie-
fel ab und untersuchte sein Bein.

»Das ist nicht so schlimm«, sagte sie. »Du
hast dich nur gestoßen.«

»Und ich dachte schon, ich hätte mir das
Bein gebrochen, so weh hat es getan!«

»Macht nichts«, meinte ein Mann, »bis zur
Hochzeit ist alles wieder heil.«

Alle lachten. Eine andere Frau gab jedem
von uns ein Stück Kuchen und eine dritte Bonbons. Wir freuten uns sehr darüber, denn wir waren
ordentlich hungrig geworden.

»Was fangen wir nun an?«, sagte ich. »Wir haben jetzt nur einen Tannenbaum.«

»Gib ihn doch für heute Abend mir«, bat Mischka. »Dann ist wenigstens
alles in Ordnung.«

»Was heißt in Ordnung? Erst habe ich den Baum durch den ganzen
Wald geschleppt, dann hab ich dich noch drauf gezogen, und jetzt soll ich
selbst keinen Tannenbaum haben?«

»Versteh mich doch, bitte. Heute Abend kommen die Jungen zu mir,
was soll ich denn ohne Baum anfangen?«

»Du kannst ihnen ja deine Wunderkerzen zeigen. Meinst du, die Jungen
kennen keinen Tannenbaum?«

»Die Wunderkerzen werden wahrscheinlich nicht brennen. Ich hab's
schon zwanzigmal versucht – nichts als Qualm kommt dabei heraus!«

»Aber vielleicht sind sie diesmal gelungen?«

»Hör auf! Erinnere mich nur nicht daran! Hoffentlich haben die Jungen
sie schon vergessen!«

»Nein, nein, die denken bestimmt noch daran! Du hättest nicht so an-
geben sollen!«

»Wenn ich wenigstens einen Baum hätte!«, klagte Mischka. »Wegen der Wunderkerzen könnte ich ja noch was erfinden, um mich herauszureden. Aber jetzt weiß ich wirklich nicht, was ich machen soll!«

»Meinetwegen! Dann schenke ich ihn dir eben!«

»Warum schenken? Willst du meine Laterna magica? Mit allen Bildern? Du wolltest doch schon immer eine haben!«

»Ich brauche deine Laterna magica nicht. Nimm den Baum so«, sagte ich.

»Ich will nichts geschenkt haben«, antwortete Mischka.

»Aber es ist doch nicht direkt geschenkt«, erklärte ich. »Einfach so, aus Freundschaft. Freundschaft ist mehr wert als deine Laterna magica. Der Tannenbaum kann uns ja beiden gehören!«

Ohne es zu merken, waren wir während der Unterhaltung schon auf unserem Bahnhof angekommen. Mischkas Bein tat nicht mehr weh. Und als wir ausstiegen, humpelte er nur noch ein bisschen.

Ich lief zuerst nach Hause, damit sich meine Mutter keine Sorgen machte, und sauste dann zu Mischka, um mit ihm unseren gemeinsamen Tannenbaum zu schmücken. Mitten im Zimmer stand der Baum. Die abgeschundenen Stellen beklebte Mischka mit grünem Papier. Wir waren noch beim Schmücken, als schon die ersten Jungen kamen.

»Na, hör mal, da hast du uns eingeladen und noch nicht mal deinen Baum geschmückt.« Sie waren sehr gekränkt.

Wir erzählten ihnen unser Abenteuer, und Mischka log noch hinzu, dass uns Wölfe angefallen hätten und dass wir vor ihnen auf einen Baum hätten flüchten müssen. Die Jungen glaubten uns aber nichts und lachten uns nur aus. Mischka versuchte zwar, sie zu überzeugen, aber er gab es bald auf und lachte mit.

Wir waren allein zu Hause, denn Mischkas Eltern feierten Neujahr bei Bekannten. Da sich die Jungen unbeaufsichtigt wussten, gerieten sie außer Rand und Band. Einen solchen Krach hatte ich bisher noch nie gehört! Und Mischka trieb es am tollsten. Ich wusste wohl, warum er sich so benahm. Er bemühte sich, immer neue Kunststückchen zu erfinden, damit die Jungen bloß nicht an die Wunderkerzen dachten. Endlich zündeten wir die bunten elektrischen Baumkerzen an, und im gleichen Augenblick schlug es zwölf.

»Hurra! Prost Neujahr!«, schrie Mischka.

»Hurra!«, fielen die Jungen ein. »Prost Neujahr! Hurra-a-a!« Nun schien alles glücklich überstanden zu sein.

»Freunde«, rief Mischka, »jetzt setzt euch aber an den Tisch. Es gibt gleich Tee und Kuchen.«

»Wo bleiben denn aber die Wunderkerzen?«, fragte jemand.

»Die Wunderkerzen?« Mischka verlor seine Sicherheit. »Die sind noch nicht fertig.«

»Du bist ja der Richtige! Erst lädst du uns zum Tannenbaum ein, erzählst, dass du selbstgemachte Wunderkerzen hast … Alles Schwindel!«

»Ehrenwort, es ist kein Schwindel. Die Wunderkerzen sind fertig, aber sie sind noch feucht!«

»Zeig doch mal, vielleicht sind sie doch trocken. Wahrscheinlich hast du gar keine!«

Unwillig stieg Mischka zum Schrank hoch und wäre beinahe mitsamt den »Würstchen« heruntergefallen. Sie waren tatsächlich schon trocken und hatten sich in harte Stäbchen verwandelt.

»Na also!«, schrien die Jungen. »Sie sind ganz trocken. Warum schwindelst du?«

»Das scheint nur so«, rechtfertigte sich Mischka. »Sie müssen noch lange trocknen. Sie werden bestimmt nicht brennen.«

»Das werden wir ja gleich sehen«, brüllten die anderen. Im Nu hatten sie ihm alle Stäbchen aus der Hand gerissen, die Drahtenden hakenförmig umgebogen und an den Tannenbaum gehängt.

»Wartet doch noch!«, rief Mischka. »Wir müssen erst probieren.«

Aber niemand hörte auf ihn. Die Jungen nahmen Streichhölzer und zündeten alle Wunderkerzen auf einmal an. Im selben Augenblick ertönte ein Zischen, als wäre das ganze Zimmer voller Schlangen. Die Jungen sprangen erschrocken zur Seite. Und plötzlich flammten die Wunderkerzen auf, sie funkelten und sprühten feurige Sterne um sich. Das war ein Feuerwerk! Feuerwerk ist gar kein Ausdruck dafür! Das war ein Nordlicht wie ein Vulkanausbruch! Der ganze Tannenbaum strahlte und überschüttete alles mit Silber. Wir standen mit weit aufgerissenen Augen wie verzaubert da.

Endlich waren die Kerzen abgebrannt, und das Zimmer füllte sich mit beißendem, stinkendem Qualm. Die Jungen niesten, husteten und rieben sich die Augen. Wir stürzten alle auf den Korridor, aber der Qualm drang auch hierher. Da drängten sich die Jungen zu ihren Mänteln und Mützen und wollten nach Hause.

»Aber bleibt doch, es gibt noch Tee und Kuchen!«, schrie Mischka, bis er ganz heiser war. Aber niemand achtete darauf. Die Jungen husteten, zogen sich an und gingen fort. Mischka hängte sich an mich, nahm mir meine Mütze weg und bat: »Geh wenigstens du nicht auch noch fort! Bleib schon unserer Freundschaft wegen. Jetzt werden wir Tee trinken und Kuchen essen.«

Mischka und ich waren allein. Der Qualm hatte sich etwas verzogen, aber das Zimmer konnte man immer noch nicht betreten. Mischka band sich ein feuchtes Tuch vor den Mund, lief ins Zimmer hinein, ergriff den Kuchen und brachte ihn in die Küche. Das Teewasser kochte schon, und wir begannen zu essen und zu trinken. Der Marmeladenkuchen schmeckte gut. Er roch zwar ein wenig nach Rauch, aber das schadete nichts. Eine Hälfte aßen wir beide auf, und den Rest bekam Scharik.

Aus dem Russischen von Lieselotte Remané

GÜNTER HERLT
O PANNENBAUM

Die schwierigste Frage vor Weihnachten ist in unserer Familie nicht: »Wem schenkt man was?«, sondern: »Wer nimmt Opa?« Da unser Opa seit drei Jahren Witwer ist, müssen wir ihm »Asyl« gewähren.

Nun gibt es aber zweierlei Opas: Manche hocken sich aufs Sofa und stehen erst zur Abreise wieder auf. Unser Opa wieselt aber hektisch durch alle Zimmer, entdeckt alle Macken zwischen Keller und Dach und arbeitet den ganzen Heimwerker-Katalog ab. Was meist in eine Katastrophe führt.

Voriges Jahr war es der Weihnachtsbaum. Opa kam rein und rief: »Was habt ihr denn da für eine Krüppelkiefer aufgestellt?«

Und schon stieg er wieder in seinen FIAT Punto und rappelte los zum Baumhändler am Markt. Dort angelte er eine Import-Tanne von zwei Meter fünfzig hervor, deren Preis vermuten ließ, dass seine Majestät der König von Schweden persönlich den Baum gepflanzt und gegossen hatte. Weil aber Opas Kleinwagen die Großtanne nicht bändigen konnte, verfrachtete er deren Unterleib auf den Beifahrersitz und ließ den Rest aus dem Kofferraum ragen. Da er jedoch keine Warnflagge dabei hatte und eine Einfahrt blockierte, kamen zum Tannengeld von achtzig Euro noch mal einhundertzwanzig plus fünfzig Euro hinzu – Abschleppkosten und Bußgeld. Doch dann stand er mit dem Prachtbaum in unserer Stube.

Ich sagte: »Der ist doch viel zu lang!«

Opa meinte: »Das macht rein nuscht nich, Junge, da nehmen wir unten was ab.«

Ich fiedelte eine halbe Stunde an dem armdicken Ende herum, bis ihm einfiel: »Moment mal. Da muss ja noch die Spitze mit dem Stern rauf. Nimm mal lieber noch zwanzig Zentimeter unten ab!«

Damit war ich die nächste halbe Stunde beschäftigt. Als ich in die Küche ging, um ein Pflaster für die Blasen an meinen Händen zu suchen, rief

Opa: »Nu lauf mal nich weg! Mir fällt da gerade ein, dass wir ja auch den eisernen Fuß unten mitrechnen müssen. Aber das macht rein nuscht nich, da nehmen wir eben oben was weg!«

Die Gretchenfrage war nun aber, ob der dicke Baum auch in den engen Fuß passen würde. Das tat er nicht. Worauf Opa meinte: »Das macht rein nuscht nich, Junge. Da spitzen wir den Stamm unten einfach ein bisschen an.«

Ich sagte: »Dann musst du aber den Baum schön festhalten.«

»Na klar doch!«, sagte Opa. »Man bloß, ich kann mich nicht so lange bücken mit meinem Kreuz. Fass mal an, wir legen das Vehikel auf den Tisch!«

Was auch geschah. Aber dank der von Archimedes entdeckten Hebelwirkung wedelte der Baum die Vase vom Tisch, was meine Frau aus der Küche nachfragen ließ, ob wir besoffen seien. Opa rief: »Wir haben alles im Griff!«

Ich fragte: »Ist er jetzt nicht ein bisschen zu klein, um auf der Erde zu stehen?«

»Richtig, Junge! Aber das macht rein nuscht nich, wir stellen den Krepel einfach auf den Tisch!«

Bei diesem Versuch ging die Deckenlampe zu Bruch. Doch dann stand der Baum endlich – leicht zerzaust – im Schein seiner strahlenden Lichter.

Die Kinder maulten: »Voriges Jahr war der Baum aber schöner!«

Meine Frau zischte: »Da hatten wir aber den lieben Opa nicht zu Besuch!«

Und ich addierte stumm, dass dieser Baum mit seinen Nebenkosten teurer war als alle Geschenke, die darunter lagen. Aber Weihnachten ist ja ein Fest der Liebe, da darf man nicht rechnen. Doch nächstes Jahr kaufe ich eine chinesische Plastiktanne, und Opa darf nur noch den Stecker in die Wand stecken!

RAINER MARIA RILKE
ADVENT

Es treibt der Wind im Winterwalde
die Flockenherde wie ein Hirt
und manche Tanne ahnt, wie balde
sie fromm und lichterheilig wird,
und lauscht hinaus. Den weißen Wegen
streckt sie die Zweige hin – bereit,
und wehrt dem Wind und wächst entgegen
der einen Nacht der Herrlichkeit.

PETER HACKS
NIKOLAUS ERZÄHLT

Als ich auf den Kalender sah,
Rief ich: Ei, der verhexte!
Die Stiefel her! Die Zeit ist da!
Heut ist ja schon der sechste!
Mein Schlitten brachte mich zum Pol
Und mein Mercedes Benz
Entlang die lange Küste wohl
Westskandinaviens.

Und als ich hinterher zu Schiff
Nach Deutschland reisen wollen,
Ein Mensch nach meinem Sacke griff:
Habn Sie was zu verzollen?
Da riss mir die Geduld geschwind,
Ich zog die Stirne kraus:
Mich kennt, du Schafskopf, jedes Kind.
Ich bin der Nikolaus.

JOHANNES CONRAD
VORWEIHNACHTSSTIMMUNG

»Dämliche Weihnachten!«, rief der Mann mit der Brille. Er rief es ziemlich laut und machte ein verbittertes Gesicht dazu. Hinter den dicken Brillengläsern sahen seine Augen wie böse Fische im Aquarium aus. Die Leute in der Kunstgewerbeabteilung blickten alle auf ihn. Auch Kohlweides Frau drehte sich sofort um. Sie hatte den ganzen Tag lang schlechte Laune gehabt. Jetzt begannen ihre Augen zu glitzern.

»Hast du gehört, Kurt?«, zischte sie.

»Lass ihn doch!«, sagte Kohlweide vorsichtig. »Er ist nervös – komm weiter!« Kohlweides Frau reagierte nicht. Fasziniert starrte sie den Mann mit der Brille an. Was würde er jetzt sagen?

Der Mann mit der Brille war bepackt mit Paketen, schwitzte wie in der Sauna und stierte angewidert auf die Käuferschlange vor ihm.

»Komm endlich, Trude!«, brummte Kohlweide geduldig.

»Lass mich!«, zischte Trude Kohlweide ungeduldig. Kohlweide schüttelte gewohnheitsmäßig den Kopf. »Ich geh schon in die Spielwarenabteilung – für den Jungen haben wir noch nichts!«, sagte er vorwurfsvoll.

»Ja, ja«, fauchte seine Frau. Kohlweide ging.

»Ich hätte allein einkaufen gehen sollen«, dachte er traurig. »Wenn ich allein Weihnachtseinkäufe gemacht hätte oder mit dem Jungen, wäre ich in diese schöne Vorweihnachtsstimmung gekommen!« Dann dachte Kohlweide an die Zeit, als er noch ein kleiner Junge war, und an das Geld, welches Trude Kohlweide heute schon ausgegeben hatte. Er wurde noch trauriger und zwängte sich durch die Käuferscharen zur Spielwarenabteilung. Kohlweide wurde gedrückt und gestoßen. Er fühlte einen allgemeinen Zorn in sich aufsteigen. Bösartig knuffte er einen kleinen, mageren Weihnachtsmann, der wegen der Kinder vor der Spielwarenabteilung stand. Der kleine, magere Weihnachtsmann drehte sich um und Kohlweide

meckerte: »Verzeihung, Herr Weihnachtsmann!« Der kleine, magere Weihnachtsmann lächelte erschöpft und lüftete den Umhängebart.

»Der Weihnachtsmann reißt sich den Bart ab!«, rief ein dickes Kind und klammerte sich ängstlich an seine Mutter.

»Ist kein richtiger Bart, Kleine«, sagte Kohlweide tröstend.

»Oller Quasselkopf!«, rief die Mutter. »Dem Kind die Vorweihnachtsfreude zu nehmen!« Kohlweide ging traurig weiter.

In der Kunstgewerbeabteilung fluchte der Mann mit der Brille jetzt leise vor sich hin. »Gleich wird er wieder was brüllen!«, dachte Kohlweides Frau. Der Mann war aber jetzt an der Reihe und rief nur: »Endlich!«

Die Kassiererin blickte ihn erschöpft an. »Ich bin auch nur ein Mensch!«, sagte sie. Der Mann mit der Brille zahlte verlegen. Plötzlich rief die Kassiererin: »Darf ich das Geld noch einmal sehen, mein Herr? Habe ich Ihnen nicht zu viel rausgegeben?«

Kohlweides Frau schob sich erwartungsvoll näher. Ihre Nasenflügel bebten lüstern. Gleichgültig zeigte der Kerl mit der Brille das Geld vor.

»Sehen Sie«, klagte die Kassiererin, »ich habe Ihnen statt neun Mark neunzehn Mark herausgegeben, mein Herr. Das geht aber nicht!«

Die Menschen vor der Kasse blickten sofort wieder alle auf den Mann mit der Brille. Kohlweides Frau nickte triumphierend. Einer, der laut »Dämliche Weihnachten!« brüllt, der unterschlägt auch Geld! Das hatte sie geahnt! Dieser Kerl sah so aus.

»Ich hab es nicht angeguckt, als Sie mir rausgaben. Pardonk, Fräulein!«, stotterte die verdächtige Type.

»Er hat es nicht angeguckt!«, rief Kohlweides Frau höhnisch. Die Leute blickten sofort alle auf Kohlweides Frau. Trude Kohlweide lachte schrill.

»Ich habe es nicht angeguckt, natürlich!«, bellte das Element mit der Brille und wurde fürchterlich rot. »Ich bin so schlapp!«, bellte es.

»Jetzt wird er rot – ein Zeichen seiner Schuld!«, sagte Kohlweides Frau in der Erregung zu einem kleinen Jungen.

»Wer wird rot, Tante?«, fragte der kleine Junge.

Kohlweides Frau durchbohrte den Jungen mit einem bösen Blick. »Du bestimmt nicht!«, fauchte sie.

»Bittöh«, rief die Verkäuferin beleidigt und gab dem Subjekt mit der Brille richtig heraus.

»Ich kann nichts dafür, Fräulein«, stotterte der Verbrecher. »Ich kann nichts dafür«, rief er im Abgehen noch einigen wildfremden Menschen zu.

»Er kann nichts dafür«, dachte Kohlweides Frau und lachte höhnisch. Sie machte sich zur Spielwarenabteilung auf. Ihre Laune war merklich besser geworden. »Dieser Lump!«, sagte sie befriedigt. Eine jüngere Frau blieb sofort stehen. »Dieser Lump, hat sie gesagt«, flüsterte sie ihrem Mann zu.

»Ja, ja«, sagte der Mann und ging weiter. Interessiert sah die jüngere Frau der freudig erregten Trude Kohlweide nach, die eben den traurigen Kohlweide am Arm ergriff.

»Den armen Mann nennt dieses Weib nun vor Weihnachten Lump!«, dachte die jüngere Frau und blickte mitleidig in Kohlweides Gesicht.

»Ich habe noch Chancen«, dachte Kohlweide, als er die Blicke der jüngeren Frau bemerkte. Und plötzlich hörte er sich mit glänzender Laune die vielen, schnellen Worte seiner Frau an, die ihm ihr Erlebnis mit diesem außergewöhnlichen Lumpen in allen Einzelheiten berichtete.

»Vielleicht ist er doch ein Lump«, dachte die jüngere Frau. »Die so fett lächeln, sind oft alte Lustmolche!« Und sofort eilte sie mit dem zärtlichsten Gebaren auf ihren Mann zu, der vor Überraschung ein strahlendes Lächeln gebar. »Man kommt richtig in Vorweihnachtsstimmung!«, rief sie.

»Du sagst es!«, rief der Mann und bekam einen mächtigen Stoß in den Rücken und quetschte sich durch Käuferscharen und dröhnende Weihnachtslieder dem stillen Fest entgegen.

FRANÇOISE SAGAN
EINE HUNDENACHT

Monsieur Ximenestre hatte viel Ähnlichkeit mit einer Zeichnung von Chaval: Er war korpulent und sah etwas schwachsinnig, aber im Übrigen sympathisch aus. Doch jetzt, Anfang Dezember, trug er einen so bekümmerten Ausdruck zur Schau, dass jeder Vorübergehende, der ein Herz besaß, das törichte Verlangen verspürte, ihn anzusprechen. Der Grund für seinen Kummer waren die bevorstehenden Feiertage, denen Monsieur Ximenestre, sonst ein guter Christ, in diesem Jahr voll Abscheu entgegensah, denn er hatte keinen Pfennig, um Madame Ximenestre zu beschenken, die indes sehr erpicht darauf war, sowie seinen Sohn Charles, einen Nichtsnutz, und seine Tochter Augusta, eine vortreffliche Calypsotänzerin. Nicht einen Pfennig, so war die Lage. Und weder stand eine Gehaltserhöhung in Aussicht, noch kam eine Kreditaufnahme in Frage. Die eine hatte er schon erhalten, die andere war bereits in Anspruch genommen, ohne dass Madame Ximenestres und die Kinder es wussten, und zwar, um dem neuen Laster desjenigen zu frönen, der doch ihr Ernährer hätte sein sollen: der unheilvollen Spielleidenschaft von Monsieur Ximenestre.

Es war nicht das gewöhnliche Spiel, bei dem das Gold auf dem grünen Filz des Spieltischs rollt, auch nicht jenes, bei dem Pferde auf der grünen Rasenmatte keuchen, sondern ein in Frankreich noch unbekanntes Spiel, das leider in einem Café des XVII. Arrondissements im Schwange war, wo sich Monsieur Ximenestre jeden Abend einen roten Martini genehmigte, ehe er nach Hause ging: Es wurde mit kleinen Pfeilen, einem Blasrohr und Tausendfrancscheinen gespielt. Alle Stammgäste waren ganz wild darauf. Dieses spannende Spiel, von einem im Stadtviertel unbekannten Australier eingeführt, hatte rasch die Gründung eines sozusagen geschlossenen Klubs zur Folge gehabt, der im Hinterzimmer tagte, wo der begeisterte Wirt das kleine Billard geopfert hatte.

Kurz, Monsieur Ximenestre hatte sich dabei ruiniert, und das nach vielversprechenden Anfängen. Was tun? Wo könnte er noch Geld pumpen, um die Handtasche, das kleine Moped und den Plattenspieler zu bezahlen, die zu schenken er sich nach einigen sehr präzisen Andeutungen bei Tisch, wie er sehr wohl wusste, verpflichtet hatte? Die Tage verstrichen, ringsum leuchteten die Augen voll Vorfreude, und der Schnee begann fröhlich zu fallen. Monsieur Ximenestres Teint wurde gelb, und er wünschte, er würde krank werden.

Vergeblich.

Am Morgen des 24. Dezember verließ Monsieur Ximenestre das Haus, gefolgt von drei beifälligen Blicken, denn die täglich von Madame Ximenestre durchgeführte Durchsuchung der Wohnung hatte noch nicht zur Entdeckung der erwarteten kostbaren Pakete geführt. »Er macht sich noch rechtzeitig dran«, dachte sie mit einiger Verbitterung, aber ohne die geringste Beunruhigung.

Auf der Straße wickelte sich Monsieur Ximenestre seinen Schal dreimal ums Gesicht, und diese Geste ließ ihn einen Moment einen Raubüberfall ins Auge fassen. Ein Gedanke, den er zum Glück rasch verwarf. Er setzte sich in Marsch mit dem Gang eines Bären, schleppend und gutmütig, und landete auf einer Bank, auf der ihn der Schnee rasch in einen Eisberg verwandelte. Der Gedanke an die Pfeife, die lederne Aktentasche und die rote Krawatte (im Übrigen untragbar), von der er wusste, dass sie ihn zu Hause erwarteten, machte das Maß seiner Trostlosigkeit voll.

Einige Passanten, erhitzt und tänzelnd, Bindfäden und Pakete an jedem Finger, kurzum Familienväter, die dieses Namens würdig waren, kamen vorbei. Zwei Schritte von Monsieur Ximenestre entfernt hielt eine Limousine; eine Traumgestalt, gefolgt von zwei kleinen Hündchen, stieg aus. Monsieur Ximenestre, wenngleich dem schönen Geschlecht sehr zugetan, betrachtete sie ohne den geringsten Hintergedanken. Dann fiel sein Blick auf die Hunde, und seine Augen leuchteten plötzlich auf. Er schüttelte den Haufen Schnee ab, der sich auf seinem Schoß angesammelt hatte, stand eilig auf und stieß einen Ruf aus, den der ihm von seinem Hut in die Augen und auf den Hals fallende Schnee erstickte.

»Ins Tierheim«, waren seine Worte. Das Tierheim war ein recht düsterer Ort voll trauriger oder aufgeregter Hunde, die Monsieur Ximenestre ein wenig erschreckten. Er entschied sich schließlich für ein ziemlich un-definierbares Tier, was die Rasse und die Farbe betraf, das aber, nach dem Ausdruck der Augen zu urteilen, sanftmütig war. Und Monsieur Xime-nestre ahnte, dass es unendlicher Sanftmut bedurfte, um eine Handtasche, einen Plattenspieler und ein Moped zu ersetzen. Er taufte seinen Hund sofort Médor, nahm ihn an die Strippe und ging auf die Straße.

Médors Freude äußerte sich in einer Raserei, die sich unwillkürlich auf Monsieur Ximenestre übertrug, der erstaunt war über die hündische Kraft. Er wurde einige hundert Meter in vollem Trab mitgezogen und stieß schließlich mit einem Passanten zusammen, der etwas von »dreckigen Vie-chern« brummte. Wie ein Wasserskifahrer dachte Monsieur Ximenestre, dass es vielleicht besser wäre, die Strippe loszulassen und nach Hause zu gehen. Aber Médor sprang kläffend und fröhlich an ihm hoch, sein gelbliches und schmutziges Fell voller Schnee, und Monsieur Ximenestre schoss der Gedanke durch den Kopf, dass er schon lange nicht mehr so angeschaut worden war. Es gab ihm einen Stich ins Herz. Seine blauen Augen versenkten sich in Médors braune Augen, sie erlebten eine Se-kunde unsagbarer Süße.

Médor fasste sich als Erster. Er machte sich wieder auf den Weg, und das Wettrennen ging weiter. Monsieur Ximenestre dachte flüchtig an den anämischen Basset, der Médors Nachbar gewesen war und den er nicht einmal in Betracht gezogen hatte, weil er der Meinung war, ein Hund müsse dick sein. Jetzt rannte er buchstäblich in fliegender Eile nach Hause. Es gab nur einen Aufenthalt in einem Café, wo Monsieur Ximenestre drei Grogs zu sich nahm und Médor drei Stück Zucker, die ihm die mitleidige Wirtin anbot: »Und bei diesem Wetter, das arme Tier hat ja nicht einmal ein Mäntelchen!« Monsieur Ximenestre schnaufte und antwortete nicht.

Der Zucker hatte eine belebende Wirkung auf Médor ausgeübt, aber es war ein Gespenst, das bei den Ximenestres läutete. Madame Ximenestre öffnete die Tür, Médor stürzte hinein, und Monsieur Ximenestre, vor Mü-digkeit schluchzend, sank seiner Frau in die Arme.

»Aber was ist denn das?« Dieser Schrei entrang sich der Brust von Madame Ximenestre.

»Das ist Médor«, sagte Monsieur Ximenestre, und mit dem Mut der Verzweiflung fügte er hinzu: »Fröhliche Weihnachten, meine Liebe!«

»Fröhliche Weihnachten? Fröhliche Weihnachten?« Ihr versagte die Stimme. »Was willst du damit sagen?«

»Heute ist doch der 24. Dezember?«, rief Monsieur Ximenestre, den die Wärme und die Sicherheit wieder zu sich brachten. »Nun ja, zu Weihnachten schenke ich dir, schenke ich euch«, verbesserte er sich, denn seine Kinder kamen mit weitaufgerissenen Augen aus der Küche, »schenke ich euch Médor. Da ist er!«

Entschlossenen Schrittes ging er in sein Zimmer. Aber er sank gleich auf sein Bett und griff nach seiner Pfeife, einer Pfeife aus dem Krieg 1914/1918, von der er zu sagen pflegte, dass sie »einiges mitgemacht« habe. Mit zitternder Hand stopfte er sie, zündete sie an, steckte die Beine unter die Steppdecke und wartete auf den Angriff.

Bleich, angsterregend bleich, dachte Monsieur Ximenestre bei sich, betrat Madame Ximenestre sein Zimmer. Seine erste Reaktion war eine Schützengrabenreaktion: Er versuchte, ganz unter die Steppdecke zu kriechen. Nur noch einige seiner wenigen Haarsträhnen und der Rauch seiner Pfeife waren zu sehen. Aber das genügte für den Zorn von Madame Ximenestre: »Kannst du mir sagen, was das für ein Hund ist?«

»Das ist eine Art flandrischer Schäferhund, glaube ich«, ließ sich schwach die Stimme von Monsieur Ximenestre vernehmen.

»Eine Art flandrischer Schäferhund?« Ihre Wut steigerte sich um eine Tonlage. »Und weißt du, was dein Sohn zu Weihnachten erwartet? Und deine Tochter? Was mich betrifft, so weiß ich, dass ich nicht zähle … Aber sie! Und du bringst ihnen dieses schreckliche Tier!«

Médor kam gerade herein. Er sprang auf Monsieur Ximenestres Bett und legte sich neben ihn, Kopf an Kopf. Zärtliche Tränen, zum Glück durch die Steppdecke verborgen, traten seinem Freund in die Augen.

»Das ist ein starkes Stück«, fand Madame Ximenestre. »Bist du überhaupt sicher, dass das Tier keine Tollwut hat?«

»In diesem Fall wärt ihr zwei«, erwiderte Monsieur Ximenestre kühl.

Diese abscheuliche Antwort bewirkte, dass Madame Ximenestre verschwand. Médor leckte seinen Herrn und schlief ein. Um Mitternacht gingen die Ehefrau und die Kinder von Monsieur Ximenestre, ohne ihn zu verständigen, zur Mitternachtsmesse. Ein leichtes Unbehagen überkam ihn, und um Viertel vor eins beschloss er, mit Médor fünf Minuten Gassi zu gehen. Er wickelte sich seinen dicken Schal um und begab sich langsamen Schrittes zur Kirche, während Médor an allen Haustüren schnüffelte.

Die Kirche war gerammelt voll, und Monsieur Ximenestre versuchte vergeblich, die Tür zu öffnen. Er wartete also vor der Vorhalle, den Schal bis unter die Augen gezogen, und die Choräle der guten Christen hallten in seinen Ohren wider. Médor zog so fest an der Strippe, dass er sich schließlich hinsetzte und die Strippe an seinen Fuß band. Die Kälte und die Aufregungen hatten seine schon verwirrten Sinne allmählich abgestumpft, so dass er nicht mehr genau wusste, was er da eigentlich machte.

So kam es, dass er von dem Strom der ausgehungerten Gläubigen überrascht wurde, die eilig die Kirche verließen. Er hatte nicht mehr Zeit gehabt, aufzustehen und die Strippe aufzuknoten, als schon eine junge Stimme rief: »Oh, der hübsche Hund! Oh, der arme Mann! Warte einen Augenblick, Jean Claude.«

Und ein Fünffrancstück fiel dem verstörten Monsieur Ximenestre auf den Schoß. Er stand auf, und der als Jean Claude Angeredete gab ihm, gerührt, ebenfalls eine Münze und wünschte ihm fröhliche Weihnachten.

»Aber«, stammelte Monsieur Ximenestre, »aber hören Sie mal …«

Man weiß, wie ansteckend die Barmherzigkeit sein kann. Alle oder fast alle Gläubigen, die die Kirche durch den rechten Ausgang verließen, gaben Monsieur Ximenestre und Médor ihr Scherflein. Schneebedeckt, verstört, versuchte Monsieur Ximenestre vergeblich, es ihnen auszureden.

Madame Ximenestre und ihre Kinder hatten die Kirche durch den linken Ausgang verlassen und kehrten nach Hause zurück. Monsieur Ximenestre kam kurz danach, entschuldigte sich für seinen Scherz vom Nachmittag und überreichte jedem die Summe, die dem Geldwert seines Geschenks entsprach. Der Mitternachtsschmaus wurde sehr fröhlich. Dann ging Monsieur Ximenestre mit Médor ins Bett, der sich zur Genüge an Pute gütlich getan hatte, und sie schliefen beide den Schlaf der Gerechten.

Aus dem Französischen von Margaret Carroux

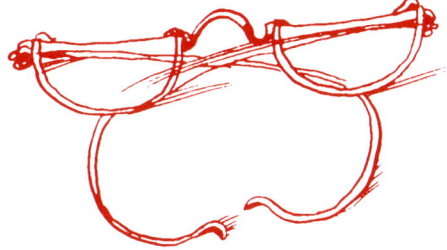

WEIHNACHTSBÄCKEREI
QUARKSTOLLEN

Zutaten:

500 g Mehl
1 Päckchen Backpulver
1 Messerspitze Zimt
1 Messerspitze Muskat
1 Messerspitze
  Kardamom
abgeriebene Schale einer
  halben Zitrone
150 g Zucker
1 Prise Salz
1 Vanillinzucker
2 Eier
4 EL Rum
2 EL Zitronensaft
375 g Quark
125 g Butter
50 g Schmalz
150 g Korinthen
250 g Rosinen
125 g gehackte Mandeln
150 g Zitronat
50 g Butter
100 g Puderzucker

1. Aus den Zutaten von Mehl bis Schmalz einen Knetteig herstellen.
2. Rosinen, Korinthen, Mandeln und Zitronat unter den Teig kneten und zu einem Stollen formen.
3. Stollen auf ein gefettetes Blech legen und 60 bis 70 Minuten bei ca. 180 Grad backen.
4. Butter heiß werden lassen und sofort nach dem Backen den Stollen bestreichen und mit Puderzucker bestäuben.

DICKER HONIGKUCHEN

Zutaten:

400 g Honig
250 g Zucker
125 g Fett
6 EL Milch
3 Eier
500 g Mehl
1 Päckchen Backpulver
2 EL Kakao
2 TL gemahlener Zimt
½ TL gemahlene Nelken
1 Messerspitze
  Kardamom
abgeriebene Schale einer
  halben Zitrone
125 g Korinthen
150 g Zitronat
125 g gehackte Mandeln
1 Becher
  Schokoladenglasur
halbierte Mandeln

1. Honig unter Rühren heiß werden lassen, Fett und Zucker hinzugeben, in der heißen Masse auflösen und abkühlen lassen.
2. Zuerst Milch und Eier, dann das Mehl mit Backpulver unter die lauwarme Masse rühren. Kakao, Zimt, Nelken, Zitronenschale, Korinthen, Zitronat und gehackte Mandeln unterrühren und anschließend den Teig auf ein gefettetes Blech gleichmäßig verstreichen.
3. Bei 180 Grad rund 20 Minuten backen.
4. Schokoladenglasur auflösen und auf dem warmen Kuchen verstreichen, mit den Mandeln verzieren und aufschneiden.

FRIEDRICH GOTTLIEB KLOPSTOCK
AN EINE SCHNEEFLOCKE UND KONSORTEN

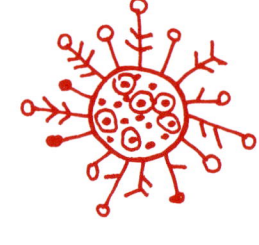

Dich, vor Minuten noch, im Himmel Hochgeborner,
Bewunderungswürdiger, Gesunkener, Verlorener,
O schöner Stern! mein Lied will dich verewigen! – –
Doch – halt! – wo bist du denn?

GIANNI RODARI
EIN SPIELZEUG FÜR WEIHNACHTEN

Es war einmal ein Herr, der war ausgegangen, um Spielsachen einzukaufen, die er seinen Kindern und Enkelkindern zu Weihnachten schenken wollte. Aber machen wir's nicht so lang – und umständlich: dieser Herr war ich, und ich wiederum bin gar kein Herr. Und so wandere ich also von Geschäft zu Geschäft, gehe seufzend von einem Schaufenster zum andern, immer unsicherer, immer konfuser. Losgegangen war ich mit dem stolzen Vorsatz, für die Kinder die Spielsachen zu kaufen, die ich mir selbst als Junge immer gewünscht und die ich nie geschenkt bekommen hatte.

Aber diese Spielsachen gab es jetzt überhaupt nicht mehr. Oder sie waren in die hintersten Winkel und Kellerverschläge gestopft worden, wo sie eine Staubschicht ansetzten. Im Vordergrund und in den vorderen Regalen aber standen neue Spielsachen, die für mich ein vollkommenes Rätsel waren. Ich begriff nicht, was sie darstellten, wie sie funktionieren und Spaß bereiten mochten. Vielleicht hätte ich, ehe ich loszog, einen Kursus über das moderne, vorzugsweise elektronische Spielzeug besuchen müssen. Doch gibt es etwa eine derartige Schule, in der Eltern und Großeltern noch einmal lernen und sich über Geschmack und Vorlieben ihrer Kinder und Enkel informieren können, die im Atomzeitalter aufgewachsen und auf den Markt der internationalen Spielzeugindustrie versetzt worden sind?

»Kommen Sie näher«, sagte da ein Stimmchen, »treten Sie ein, schauen Sie sich um, wachsen Sie doch nicht auf der Straße an.«

Die Stimme rührte von einem Männlein her, das aus einem schmalen, niedrigen Lädchen ohne Schaufenster herausgetreten war. Wer weiß, wie lange ich nach Stunden nutzlosen Umherstreifens da gestanden hatte, wer weiß, wie lange mich das sonderbare Menschlein mit einem Lächeln hinter seiner Riesenbrille schon musterte, dieser Brille, die als einziger großer

Gegenstand auf einem Gesichtchen saß, in dem alles klein war: Augen, Nase, Mund, Schnurrbart, schwarzes Kinnbärtchen.

»Ja, verkaufen Sie denn Spielzeug?«, fragte ich skeptisch.

»Vielleicht«, antwortete das Männchen. »Wenn es mir jemand abnimmt, verkaufe ich es.«

»Na, dann zeigen Sie mal.«

Ich trat ein in das Kabuff, in dem gerade genug Platz für zwei hölzerne Schemel und ein kleines Regal war, auf dem vier oder fünf winzige Schächtelchen standen.

»Pardon«, sagte ich, »aber ich sehe kein Spielzeug.«

»Gleich werden Sie's sehen.«

Das Männchen öffnete eines der Schächtelchen und zog einen Apparat hervor, den ich auf den ersten Blick für eine normale Fernbedienung für Fernseher hielt, mit Drucktasten zum An- und Ausschalten, zum Umschalten der Kanäle, zur Einstellung der Lautstärke und der Farbe.

»Dieses Ding gibt es bereits in jedem Hause«, brummte ich verdrießlich. »Sie meinen doch wohl nicht, dass das noch eine Überraschung für ein Kind sein könnte?«

»Glauben Sie?« Der kleine Mann lächelte. »Dann drücken Sie doch mal auf eine dieser Tasten. Die 12 zum Beispiel.«

Im selben Augenblick, als ich versuchsweise auf die angegebene Taste drückte, glaubte ich, im Lächeln des Verkäufers etwas wahrzunehmen, das mir unheimlich anmutete … Doch schon …

… Doch schon waren das Männchen, das Lädchen, dieser Winkel von Rom, alles, was mich noch kurz vorher umgeben hatte, verschwunden. Ich saß noch immer, aber nicht mehr auf einem hölzernen Schemel, sondern auf einem Liegestuhl, und der stand auf dem Sonnendeck eines weißen Schiffes, und das Schiff glitt auf einem breiten feierlichen Strom zwischen bewaldeten Ufern dahin.

Sollte der Tiber auf einmal schiffbar geworden sein?, fragte ich mich. Aber sogleich wurde mir klar, was für eine törichte Frage das war. An den Ufern des Tiber trifft man auf Kuppeln und Paläste, nicht auf Wälder. Ein Matrose kam auf mich zu, er trug ein Tablett, auf dem eine Flasche Mineralwasser und ein Glas thronten.

»Sind Sie sicher, Bürger, dass Sie nicht auch hundert Gramm Wodka möchten?«, fragte mich der Matrose, während er das Tablett auf ein Tischchen stellte.

»Nein, danke, ich trinke nie Alkohol, gleich welcher Art«, gab ich zur Antwort.

Und erst als ich geantwortet hatte, merkte ich auf einmal, dass mich der Matrose auf Russisch angesprochen, dass auch ich russisch geantwortet hatte und dass an der Flasche das Etikett eines bekannten sowjetischen Mineralwassers klebte. Übrigens gehörten auch das bemalte Lacktischchen, auf dem das Tablett stand, und das Tablett selbst, mit großen bunten Blumen auf schwarzem Grund, zu jenen kleinen Schätzen des russischen Kunsthandwerks, wie man sie jetzt auch in den Kaufhäusern von Rom erstehen kann.

Wo war ich da hingeraten, Himmel und Hölle? Wie als Antwort auf meine Frage begann das linke, mit schwarzen Tannen und weißen Birken bewachsene Flussufer zu einem sanften Hügel anzusteigen, und auf der flachen Kuppe erhob sich zwischen Bäumen eine orthodoxe Kirche mit ihren charakteristischen Zwiebeltürmen. Nach der Kirche fiel der Hügel wieder langsam ab, vielleicht um einen Meter pro Kilometer, das Ufer machte eine Biegung, und eine sich lang hinstreckende Ansiedlung aus einstöckigen Holzhäuschen tauchte auf. Noch ein paar Minuten und das Schiff fuhr, ohne anzulegen, an einer Schiffsstation vorüber, deren Name Myschkin lautete.

Myschkin? Hieß nicht der junge, treuherzige Fürst so, den der große Dostojewski zum Helden seines Romans »Der Idiot« gewählt hatte? Aber wenn es ein Dorf dieses Namens gab, so konnte es das nur in Russland geben! Da also befand ich mich. Und der Fluss, auf dem ich fuhr, war die Wolga.

So überlegte ich, verwirrt und erregt, als der Matrose, der das Mineralwasser gebracht hatte, wieder an mir vorüberkam. Das war für mich der Moment, meine spärlichen Kenntnisse der wunderschönen russischen Sprache zusammenzunehmen, um mehr zu erfahren.

»Wo legen wir als Nächstes an?«, fragte ich.

»In der Stadt Rybinsk«, gab der Matrose Auskunft. »Und morgen sind wir in Kasan, übermorgen in Uljanowsk, früher Simbirsk. Noch drei Tage und wir kommen nach Astrachan.«

Aha, schlussfolgerte ich in Gedanken auf Italienisch, zurzeit befinden wir uns also auf der nördlichen Wolga. Aber was dann mit mir geschehen wird, das brauche ich gar nicht erst zu fragen, weder den freundlichen Matrosen, noch seinen Kapitän, noch die Soldaten, die auf dem unteren Deck singen, noch das hübsche Mädchen, welches durch ein Fernglas das Ufer betrachtet …

»Haben Sie gesehen?« Das Männchen lächelte und rieb sich die Hände. Ich war wieder bei ihm, in seinem seltsamen Lädchen im barocken Rom. »Entschuldigen Sie, wenn ich Sie so schnell zurückgerufen habe. Nur, es täte mir leid, wenn Sie nicht alle Möglichkeiten des Spielzeugs ausprobieren würden, bevor Sie es kaufen.«

»… was zum Teufel ist denn mit mir passiert?«

»Gar nichts Teuflisches, Signore. Sie haben nur den Kanal gewechselt. Möchten Sie jetzt mal ein anderes Kanälchen aufsuchen? Vielleicht Asien oder lieber Afrika? Oder mögen Sie Australien? Wählen Sie nur selbst, bitte.«

»Na gut«, stammelte ich verstört, »welche Taste ist für New York?«

»Nummer sieben, Signore.«

»Und für die Rückkehr, bin ich da immer auf Sie angewiesen?«

»Keineswegs! Schauen Sie, Sie brauchen nur hier zu drücken, auf dieses kleine R. Gute Reise, Signore.«

Ja, und schon bin ich da und betrachte das Panorama New Yorks vom Empire State Building aus. Und nun bin ich wieder in Rom, sitze dem kleinen Mann gegenüber. Dann wieder bin ich in Singapur, in Buenos Aires …

»Ich habe verstanden«, sagte ich zu dem Männchen, »mit der normalen Fernbedienung schalte ich die Kanäle auf dem Bildschirm und bleibe dabei hübsch in meinem Sessel daheim sitzen; mit diesem Gerät aber wechsle ich selber von einem Kanal zum andern, von einem Ort auf dem Erdball zum andern. Also das ist … das ist ein Ding … Wieso hab ich bloß noch nie davon gehört?«

»Ja, wissen Sie«, sagte der kleine Mann, »zurzeit bin ich der Einzige, der dieses Spielzeug herstellt, und ich persönlich kann Reklame nicht leiden. Aber Sie werden sehen, die Japaner bauen es mir schon bald nach. Dann werden alle Schaufenster voll davon sein, so wie sie jetzt schon voll sind von elektronischem Spielzeug, ›made in Japan‹.«

»Möglich«, sagte ich, »gut möglich. Aber lassen Sie sich jetzt schon sagen, dass Ihr Apparatchen da das reine Wunder ist. Bedenken Sie nur den praktischen Nutzen, den das Ding, abgesehen vom Spaß, für Kinder hat, die Erdkunde lernen sollen.«

»Ja, wenn Sie das meinen, den hat es auch für die, die sich mit Geschichte befassen müssen …«

»Sie wollen doch nicht behaupten, dass …«

»Doch, doch, das behaupte ich. Oder vielmehr, ich zeige es Ihnen gleich. Bisher haben Sie sich nur auf den Raumkanälen fortbewegt. Wenn ich aber diesen kleinen Hebel rücke, so, dann ist der Apparat auf die Zeitkanäle eingestellt.«

»Eine Zeitmaschine?«

»In gewissem Sinne. Wollen Sie's ausprobieren? In welche Epoche möchten Sie gern einen Abstecher machen?«

»Hm«, überlegte ich laut. »Bevor ich in Rente ging, wissen Sie, habe ich am Gymnasium Latein unterrichtet. Und wo ich den Kindern nun so viel an den unsterblichen Texten des Julius Cäsar erläutert und zum Übersetzen aufgegeben habe, möchte ich Cäsar ganz gern einmal in Person vor mir sehen.«

»Also, ich würde Horaz vorziehen, der verstand es, das Leben zu genießen. Aber wenn Sie Cäsar wollen, bitte, ganz nach Wunsch …«

Ich will nicht haarklein erzählen, wie ich mich im alten Rom wiederfand, genau im Jahr, am Tag und zur Stunde, da jene berüchtigten hinterhältigen Fanatiker Cäsar die Königskrone anboten.

»Cäsar«, schrie ich (auf Lateinisch, versteht sich) mit aller Stimmgewalt, »kompromittier dich nicht! Lehn ab! Sie werden dich zugrunde richten!«

»Was will der da?«, fragte Cäsar den Brutus, der bei ihm stand.

»Vielleicht will er die Krone für sich selbst«, meinte Cassius mit tückischem Grinsen.

»Cäsar«, schrie ich abermals, »gib Acht, sie verraten dich. Sie haben schon die Dolche geschliffen. Sie warten nur auf die Iden des März.«

»Was redet der bloß für Zeug? Und in was für einem seltsamen Latein?«, knurrte Cäsar.

Als ich hörte, dass er mein Latein kritisierte, nachdem ich mich vierzig Jahre heiser geredet hatte, um es den Kindern beizubringen, versagte mir die Stimme, um dem Diktator Bescheid zu geben. Welcher sich übrigens lachend inmitten der Schar seiner Anhänger entfernte. Auf mich zu traten ein Centurio und drei oder vier Legionäre mit dem Schwert in der Hand.

»Du willst also die Krone? Willst König von Rom werden?«, rief einer von ihnen aus. »Einverstanden, aber zuerst gibst du uns deinen Kopf, damit wir ihn krönen können.«

Bei diesen Worten erhob er seinen Arm mit dem Schwert. Und mir blieb nichts anderes übrig, als die Taste für die Rückreise in unser Jahrhundert zu drücken.

»Ich sehe, Sie haben geschwitzt«, sagte das Männchen. »War es heiß im alten Rom?«

»Ich kaufe es«, sagte ich und stand auf. »Ich kaufe dieses Spielzeug und schwöre allem ab, was ich bis heute Morgen gegen allzu ausgeklügelte

70

Spielsachen gesagt habe. Ich schwöre dem Schaukelpferd ab und den Kasperlepuppen.«

»Beruhigen Sie sich, bitte«, sagte der kleine Mann. »Bevor Sie es kaufen, müssen Sie die Bedienung erlernen. Bisher haben Sie nur die Raumkanäle und die Geschichtskanäle ausprobiert. Wollen Sie nicht auch die Zukunftskanäle erkunden?«

»Na, das will ich meinen! Die gibt es also auch?«

»Jawohl, und außerdem noch die interplanetarischen. Ich gebe Ihnen das Heftchen mit der Bedienungsanleitung. Möchten Sie inzwischen nicht einen kurzen Abstecher auf die Venus oder den Mars machen? Interessieren Sie Goldrakes Reisen? Haben Sie eine besondere Vorliebe unter den Gestirnen?«

Ja, die hatte ich. Ich wollte mir den Antares aus der Nähe ansehen, den großen roten Stern, den ich als Junge zu meinem Beschützer erkoren hatte. Ein paar Minuten kreiste ich auf den Saturnringen. Ich gelangte bis ans Ende unserer Galaxis und warf einen Blick in die anderen Welten hinüber. Ich brauchte nur einen Knopf zu drücken, und die Lichtjahre glitten unter meinen Füßen davon wie ein Teppich.

Ja, und ich sah die Erde, so wie sie im Jahr 200 000 sein wird, aber darüber werde ich nichts erzählen: Einem Krimileser verrät man ja auch nicht, wer der Mörder ist.

Nach der Rückkehr war ich ganz verschossen in dieses Fernbedienungsgerät, das so viele außergewöhnliche Kräfte in sich barg.

Wenn es nicht zu teuer ist, dachte ich, kaufe ich eins für Paole, eins für Cecilia, eins für Luca und eins für Monica … Und eines für mich! Mit einem solchen Spielzeug kann auch ein pensionierter Lateinlehrer etwas anfangen!

»Los denn«, sagte ich zu dem Männchen, »kommen wir auf den Kern. Ich meine auf den Preis.«

»Einen Augenblick, mein Herr, da sind noch Schaltmöglichkeiten, die Sie nicht kennen.«

»Wirklich? Unglaublich!«

»Vor allem eine möchte ich Ihnen vorführen.«

»Ich stehe Ihnen zur Verfügung, mit Leib und Seele.«

»Also, dann passen Sie auf. Sehen Sie die Fotozelle hier? Und diesen kleinen gelben Knopf unten links?«

»Da ist er. Gelb. Unten links.«

»Jetzt richten wir die Zelle einmal auf … das Bild da an der Wand.«

Erst jetzt bemerkte ich das an der Rückwand des Ladens hängende Gemälde. Es war eigentlich gar kein Gemälde, sondern nur ein billiger Öldruck jener Art, auf denen man meist Opernszenen dargestellt findet.

»Was ist es, der ›Troubadour‹?«, fragte ich.

»Nein, nein, der ›Troubadour‹ hat nichts damit zu tun. Sehen Sie nicht, dass es der erste Akt von ›Mephisto‹ ist?«

»Ach ja, Sie haben recht. Und nun?«

»Nun drücken wir darauf.«

Das Männchen richtete das Fernbedienungsgerät auf das Bild, und der ›Mephisto‹ verschwand von seinem Fleck und gab ein Stück vergilbten Putz frei.

»Ungeheuer«, sagte ich, »aber können Sie es auch wieder herbeischaffen?«

»Sicher«, antwortete das Männchen, »man braucht nur auf den grünen Knopf unten rechts zu drücken.«

Er drückte darauf, und das Bild erschien wieder.

»Großartig. Und wo ist es gewesen?«

»Was meinen Sie?«

»Ich meine: Wo ist das Bild hingekommen, als es verschwunden war? Auf einen anderen Kanal?«

»Ich denke, ja«, antwortete der kleine Mann, »aber was braucht mich das zu kümmern? Wenn ich es verschwinden lassen will, verschwindet es; wenn ich es wieder herbeischaffen will, taucht es auf.«

»Hmm«, murmelte ich verwirrt. »Und kann man das mit jedem Gegenstand machen?«

»Natürlich. Wozu wäre es sonst gut?«

»Und …«, fragte ich, etwas stockend, »kann man auch Menschen verschwinden lassen?«

»Sicher«, das Männchen lachte, »das ist ja das Schöne dran.«

»Ich verstehe, natürlich, ich verstehe: das ist das Schöne dran. Aber wissen Sie, es handelt sich immerhin um ein Spielzeug zum Verschenken an Kinder …«

»Ja, und? Meinen Sie, Kinder hätten nie Lust, etwas oder jemanden verschwinden zu lassen?«

»Ja, wegen des ›etwas‹ würde ich mir keine übermäßigen Sorgen machen. Allenfalls wird Paolo, wenn er keinen Appetit auf seinen Gemüseeintopf hat, ihn vom Tisch wegzaubern, ohne dass er dran denkt, ihn wieder herbeizuschaffen. Monica wird regelmäßig den Spinat auf einen anderen Kanal schicken. Sie wissen sicherlich, dass Kinder in der Regel keinen Spinat mögen.«

»Also dann: fort mit dem Spinat.«

»Ja eben, fort mit dem Spinat. Und die Mama …«

»Die Mama wird denken, dass Monica seit einiger Zeit ihren Spinat mit Überschallgeschwindigkeit aufisst, und sie wird sich freuen.«

»Nein, ich meinte etwas anderes. Nehmen wir an, dass Monica auf die Mama wütend ist, und kaum hat diese den Rücken gewendet, lässt sie sie verschwinden.«

»Na und? Sobald sie merkt, dass sie ihr fehlt, wird sie sie mit einem bloßen Druck ihres Fingers wieder herbeiholen.«

»Und nehmen wir an«, fuhr ich fort, »dass Lucas Vater seinem Sohn eine Kopfnuss verpasst, wie das so vorkommen kann, und dass Luca als einzige Antwort darauf den gelben Knopf unten links drückt.«

»Lucas Vater wird verschwinden«, das Männchen lachte, »und Luca wird sagen: ›Hopp!‹ Mochten Sie etwa die Kopfnüsse, die Ihnen Ihr Vater, zumeist ungerechterweise, verpasste?«

»Dann«, sagte ich, ohne auf seine Frage einzugehen, »wird Luca zur Schule gehen, und wenn ihn die Lehrerin ärgert, dann schickt er sie für ein Weilchen in die Verbannung auf einen anderen Kanal, bis er meint, sie wieder ertragen zu können.«

»Ist Ihnen klar«, gab der kleine Mann zurück, »wie viel unnützer Ärger den Kindern von allzu autoritären Erwachsenen bereitet wird, die sie unterdrücken?«

»Und ist Ihnen klar, dass Ihr Fernschaltgerät den Kindern eine terroristische Waffe ohnegleichen in die Hand geben würde?«

»Was denn für eine Waffe!«, kreischte das Männchen und hämmerte mit der Faust gegen die Wand, »was für ein Terrorismus! Das Fernschaltgerät tötet nicht und verletzt nicht. Es ruft keine Quetschungen und Abschürfungen hervor, es tut nicht einmal so weh wie ein Mückenstich. Es macht verschwinden, nicht sterben. Und es holt die Verschwundenen mit der gleichen Leichtigkeit wieder herbei.«

»Tod und Auferstehung garantiert«, grinste ich.

»Für die Kinder wird das Fernschaltgerät allenfalls eine Waffe in Notwehr sein.«

»Bravo!«, rief ich, »und sie vergnügen sich damit, im Walde herumzustromern, in der Schule machen sie die ganze Zeit Pause, lassen Bücher und Wandtafeln, Lehrer und Hausmeister, Hefte und Klassenbücher mit den schlechten Betragenszensuren ins Nichts verschwinden.«

»Und diese Aussicht behagt Ihnen nicht? Sind Sie etwa einer jener Pädagogen, die die Rückkehr zum Rohrstock und zur neunschwänzigen Katze herbeisehnen?«

»Lassen wir die Pädagogik beiseite«, sagte ich. »Erklären Sie mir wenigstens, wo die Personen hinkommen, die das Fernschaltgerät, wenn auch nur zeitweilig und provisorisch, verschwinden lässt. Auf einen anderen Kanal, sagen Sie. Aber auf welchen? Innerhalb unseres Sonnensystems oder außerhalb? In unserer Zeit oder in barbarische Epochen, unter Kannibalen?«

»Ja, wenn Sie das meinen«, sagte der kleine Mann etwas ruhiger, »das ist kein unlösbares Problem. Kommen Sie mit.«

Wir traten auf die Straße hinaus. Wir befanden uns in der Nähe des Pantheon. Wenige Meter von uns entfernt regelte ein Polizist den Verkehr.

»Da ist ein für uns geeignetes Subjekt«, sagte das Männchen.

Und ehe ich ihn daran hindern konnte, Experimente an Dritten ohne deren Einwilligung auszuführen, richtete er das Gerät auf den Polizisten und ließ ihn verschwinden.

»Sind Sie denn wahnsinnig!«, schrie ich ihn an. »Wollen Sie eine Verkehrskatastrophe verursachen?«

»Ein paar Sekunden werden genügen. Da, nicht einmal fünfzehn Sekunden sind vergangen. Ich schaffe den Polizisten wieder herbei. Schauen Sie ihn an, er ist unversehrt wie vorher, auch Helm und Trillerpfeife sind da. Gehen Sie hin und fragen Sie ihn selbst, wo er in den fünfzehn Sekunden war, als er nicht auf seinem Tönnchen stand.«

Ich rannte quer über die Straße, auf die Gefahr hin, unter einen Bus zu geraten, zupfte den Polizisten am Ärmel und fragte ihn keuchend: »Verzeihung, können Sie mir sagen, wo Sie grad eben gewesen sind?«

»Was?«

»Ein paar Sekunden lang waren Sie nicht da. Auf welchem Kanal befanden Sie sich?«

»Nun reicht's mir aber. Ich stehe hier seit vier Stunden, weil die vergessen haben, mir eine Ablösung zu schicken, und Sie kommen und reden von Fernsehen. Ziehen Sie ab, sonst kriegen Sie eine Ordnungsstrafe.«

Es hatte keinen Sinn, mit ihm zu streiten.

»Vielleicht war sein Fernbleiben zu kurz«, sagte ich zu dem kleinen Mann, während wir wieder sein Geschäft betraten, »nur so etwas wie ein momentanes Aussetzen des Bewusstseins, eine kleine Unterbrechung seiner Aufmerksamkeit. Er erinnert sich an nichts.«

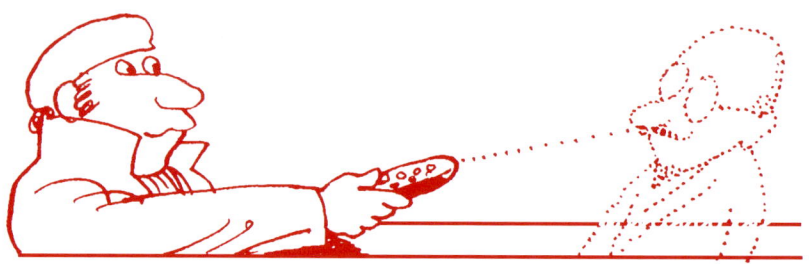

»Sehen Sie? Er hat es nicht einmal bemerkt, dass er weg war. Und Sie machen sich Sorgen wegen der Hausmeister in der Schule. Daran sieht man, dass das von dem Fernschaltgerät bewirkte Verschwinden wie eine Unterbrechung im Ablauf von Zeit und Raum ist. Eine schmerz- und folgenlose Sache.«

»Mag sein«, brummte ich, »aber das Experiment erscheint mir nicht hundertprozentig beweiskräftig.«

»Mein Gott, sind Sie ein Pedant! Na los, machen wir's noch mal.«

»Da lässt uns der Polizist Strafe zahlen oder erstattet Anzeige.«

»Wir brauchen weder Polizei noch Feuerwehr. Hier bin ich, nicht wahr? Sie lassen mich ein paar Minuten lang verschwinden, drei, fünf, nicht mehr, denn es wird allmählich spät. Dann holen Sie mich wieder herbei, und ich erzähle Ihnen haarklein, wo ich gewesen bin.«

»Das ist ein faires Angebot, denke ich.«

»Und dann können Sie ihr Spielzeug ohne Befürchtung kaufen. Einverstanden?«

»Einverstanden. Geben Sie mir den Apparat.«

»Hier. Und verwechseln Sie nicht: die gelbe Taste für das Verschwinden, die grüne für die Rückkehr.«

»Ich werde nichts verwechseln. Ich kenne das Gerät inzwischen wie meine Westentasche.«

»Warten Sie, ich gebe Ihnen das Startzeichen. Erlauben Sie, dass ich mir vorher die Nase putze und mich kämme. Ich möchte da oben oder da unten nicht in unordentlichem Zustand ankommen. So, ich bin fertig. Sie auch? Eins, zwei, drei …«

Bei »drei« drückte ich auf die Taste und das Männlein verschwand. Da, wo es gestanden hätte, war nichts als der schäbige Laden.

In diesem Augenblick, während ich auf die leere Stelle starrte, brach sich in meinem Hirn unaufhaltsam der Gedanke Bahn, dass es jetzt an mir war, dass es mir zukam, die Welt von den ihr drohenden dunklen Gefahren zu erlösen. Von mir hingen die Ruhe und Sicherheit von Tausenden, vielleicht Millionen Eltern und Großeltern, Tanten und Vettern, Spielkameraden oder Lehrern ab, denen ein unvermitteltes Verschwinden drohen würde, falls Kinder mit einem solchen Fernschaltgerät sie lästig oder auch nur unsympathisch finden sollten. Ich allein vermochte eine Unzahl Italienisch- und Mathematiklehrer, die von ihren Schülern einen Augenblick vor dem Aufrufen mit dem Fernschaltgerät aufs Korn genommen werden konnten, vor dem Verschwinden auf wer weiß welchen Kanal zu bewahren. Soundsovielen Schutzleuten, die hinter zu beschlagnahmenden Fußbällen oder gebührenpflichtig zu verwarnenden Mopeds her waren, konnte ich das Verbleiben auf dem Planeten sichern, ebenso friedfertigen Omnibusbenutzern, welche die Kinder ins Nichts befördern mochten, nur um einen Sitzplatz in der Linie 710 zu ergattern. Zwar würden sich, wenn ich dem verführerischen Gedanken nachgab, die kleinen und größeren Kinder weiterhin wehrlos mit einer Erwachsenwelt herumschlagen müssen, die kaum dazu bereit war, sie in ihren Fantasien und Bedürfnissen zu begreifen, ihnen beim Großwerden zu helfen, sie als Menschen und nicht als kopf- und rechtlose Grünschnäbel zu betrachten. Aber lässt sich das Leben etwa per Knopfdruck verändern, und sei es der Knopf eines elektronischen Geräts? Und ist die Welt etwa dadurch zu verbessern, dass man sie im Nichts verschwinden lässt? Dann bekämen ja die Atombomben recht.

In Blitzesschnelle war mein Beschluss gefasst. Ich richtete die Fotozelle auf die Schächtelchen mit den gefährlichen Spielsachen und ließ sie auf den unsichtbaren Kanal verschwinden, wohin ihnen bereits ihr Erbauer vorausgeeilt war.

Und du, sprach ich in Gedanken zu dem Männchen, wo du jetzt bist, das weiß ich nicht. Ich hoffe, du fühlst dich wohl, so wie ich mich auf dem Schiff fühlte, das die Wolga hinabfuhr, oder in der Nähe meines Sterns Antares. Aber erwarte nicht, dass ich jetzt sofort die grüne Taste unten rechts drücke, um dich wieder herbeizuzaubern, damit du von Neuem beginnen kannst, Dinge zu fabrizieren, die Wunderwerke und zugleich Teufelszeug sind. Bleib da, wo du bist, wenigstens für ein paar Jährchen. Sieh zu, dass du dich von der Mühe des Daseins einmal gründlich erholst. Ich hab dich nicht umgebracht; ich hab dich nur auf einen anderen Kanal geschickt. Mach's gut.

Ich schob das Gerät in meine Tasche, und zu Hause versteckte ich es an einem Platz, wo es ohne nähere Angaben von mir niemand finden kann. Am nächsten Tag machte ich mich mit Engelsgeduld abermals auf den Weg, Spielzeug einzukaufen. Aber ich ging nicht an dem Lädchen des seltsamen Männleins vorüber, um kein Risiko einzugehen. Denn mich überkommen leicht Skrupel, Gewissensbisse und Bedenken, und ich wollte nicht durch mein gutes Herz in Versuchung geraten, diesen kleinen Mephisto wieder auf unseren Kanal zu zaubern.

Aus dem Italienischen von Joachim Meinert

CHRISTIAN MORGENSTERN
DAS WEIHNACHTSBÄUMLEIN

Es war einmal ein Tännelein
mit braunen Kuchenherzlein
und Glitzergold und Äpflein fein
und vielen bunten Kerzlein:
Das war am Weihnachtsfest so grün,
als fing es eben an zu blühn.

Doch nach nicht gar zu langer Zeit,
da stands im Garten unten,
und seine ganze Herrlichkeit
war, ach, dahingeschwunden.
Die grünen Nadeln warn verdorrt,
die Herzlein und die Kerzlein fort.

Bis eines Tags der Gärtner kam,
den fror zu Haus im Dunkeln,
und es in seinen Ofen nahm –
Hei! Tat's da sprühn und funkeln!
Und flammte jubelnd himmelwärts
in hundert Flämmlein an Gottes Herz.

THEODOR STORM
KNECHT RUPRECHT

Von drauß' vom Walde komm ich her;
Ich muss euch sagen, es weihnachtet sehr!
Allüberall auf den Tannenspitzen
Sah ich goldene Lichtlein sitzen;
Und droben aus dem Himmelstor
Sah mit großen Augen das Christkind hervor.
Und wie ich so strolcht durch den finstren Tann,
Da rief's mich mit heller Stimme an.
»Knecht Ruprecht«, rief es, »alter Gesell,
Hebe die Beine, spute dich schnell!
Die Kerzen fangen zu brennen an,
Das Himmelstor ist aufgetan,
Alt' und Junge sollen nun
Von der Jagd des Lebens einmal ruhn;
Und morgen flieg ich hinab zur Erden,
Denn es soll wieder Weihnachten werden!«
Ich sprach: »O lieber Herr Christ,
Meine Reise fast zu Ende ist;
Ich soll nur noch in diese Stadt,

Wo's eitel gute Kinder hat.«
»Hast denn das Säcklein auch bei dir?«
Ich sprach: »Das Säcklein, das ist hier;
Denn Äpfel, Nuss und Mandelkern
Fressen fromme Kinder gern.«
»Hast denn die Rute auch bei dir?«
Ich sprach: »Die Rute, die ist hier;
Doch für die Kinder nur, die schlechten,
Die trifft sie auf den Teil, den rechten.«
Christkindlein sprach: »So ist es recht;
So geh mit Gott, mein treuer Knecht!«
Von drauß' vom Walde komm ich her;
Ich muss euch sagen, es weihnachtet sehr!
Nun sprecht, wie ich's hierinnen find!
Sind's gute Kind, sind's böse Kind?

BRATÄPFEL
ÄPFEL IM SCHLAFROCK

Zutaten:

4 bis 6 Äpfel
4 Eier
1 EL Rum
3 EL Milch
Mehl
Schmalz
Vanillezucker

1. Die Eier mit dem Rum und der Milch gut verquirlen und unter Rühren so viel Mehl zugeben, dass ein nicht zu flüssiger Teig entsteht.
2. Die Äpfel schälen, entkernen und in große Scheiben schneiden.
3. Die Scheiben in den Teig tauchen und in heißem Schmalz goldig backen. Auf einen Teller legen und mit Vanillezucker bestreuseln.

MARZIPANÄPFEL MIT EIERLIKÖRSAHNE

Zutaten:

4 Äpfel
Saft einer Zitrone
50 g flüssiges
   Butterschmalz
200 g Marzipanrohmasse
½ TL Zimt
50 g Rosinen
50 g Mandelblätter
200 g Schlagsahne
70 ml Eierlikör

1. Äpfel halbieren, das Kerngehäuse großzügig herausschneiden. Äpfel in eine gefettete Auflaufform setzen und mit Zitronensaft beträufeln.
2. Butterschmalz, grob geriebenes Marzipan und Zimt verrühren. Rosinen und Mandelblätter unter die Masse heben. Die Füllung auf die Apfelhälften verteilen.
3. Im Backofen bei ca. 200 Grad etwa 30 bis 40 Minuten garen.
4. Die Sahne halbfest schlagen, den Eierlikör unterrühren und zu den Äpfeln servieren.

BRATÄPFEL FÜR DIE GROSSEN

Zutaten:

4 säuerliche Apfel
Zitronensaft
25 g Pistazien
25 g Pinienkerne
125 g Marzipan
2 Eigelb
40 g Sahne
80 Rosinen, in Rum
* eingelegt*
2 EL Butter
125 ml Weißwein
125 ml Marsala
65 ml Orangenlikör

1. Die ungeschälten Äpfel halbieren, die Kerngehäuse herausschneiden und die Hälften mit dem Zitronensaft beträufeln.
2. Pistazien und Pinienkerne hacken, mit Marzipan, Eigelb und Sahne glattrühren, die Rosinen daruntermischen.
3. Eine feuerfeste Form ausfetten, die Äpfel hineinsetzen, mit dem Weißwein, dem Marsala und dem Orangenlikör übergießen und im vorgeheizten Backofen etwa eine Viertelstunde bei 180 Grad garen.
4. Anschließend die Marzipanmasse auf die Äpfel geben und weitere 6 bis 8 Minuten überbacken.
5. Die Äpfel anrichten und mit der Soße überziehen.

BRATÄPFEL FÜR DIE KLEINEN

Zutaten:

4 Äpfel
4 TL gemahlene
* Haselnüsse*
4 TL rote Marmelade
4 TL Rosinen
4 Stück Alufolie,
* etwa 15 x 15 cm*

1. Apfelgehäuse ausstechen oder ausschneiden und die Äpfel auf die Alufolie legen.
2. Äpfel mit den Haselnüssen, der Marmelade und den Rosinen füllen.
3. Die Ecken der Alufolie anheben und zusammendrehen.
4. Die eingewickelten Äpfel auf ein Backblech geben und im Ofen bei etwa 250 Grad 35 bis 45 Minuten garen lassen.

WEINBRANDÄPFEL

Zutaten:

1,5 kg Äpfel
2 Eier
8 cl Weinbrand
1 EL Zucker
¼ l Weißwein
2 EL Puderzucker
40 g Johannisbeergelee

1. Johannisbeergelee bei schwacher Hitze schmelzen lassen und den Weißwein (vorher 3 Esslöffel abnehmen) sowie den Zucker einrühren. Vom Feuer nehmen, abkühlen lassen und den Weinbrand zugeben.
2. Die Äpfel schälen, Kerngehäuse entfernen, achteln und in die Flüssigkeit geben. Auf Portionen verteilen.
3. Das Eigelb zusammen mit dem Puderzucker schaumig schlagen, dann die 3 Esslöffel Wein hinzugeben, auf den Herd stellen und langsam erwärmen, bis die ersten Kochblasen kommen. Dabei immer heftig quirlen.
4. Den Schaum noch warm über die Apfelportionen verteilen.

NOUGAT-BRATÄPFEL

Zutaten:

4 Äpfel
3 EL Mandelstifte
3 EL gehackte Haselnüsse
100 g Nuss-Nougat-
   Creme
150 ml Apfelsaft

1. Äpfel großzügig entkernen, rundum mit Mandelstiften spicken und in eine Auflaufform setzen.
2. Die gehackten Haselnüsse mit Nuss-Nougat-Creme verkneten und in die Äpfel füllen.
3. Apfelsaft in die Form gießen. Im vorgeheizten Ofen bei ca. 180 Grad auf der untersten Schiene 25 bis 30 Minuten garen. Dazu Vanillesauce reichen.

ROBERT GERNHARDT
DIE FALLE

Da Herr Lemm, der ein reicher Mann war, seinen beiden Kindern zum Christfest eine besondere Freude machen wollte, rief er Anfang Dezember beim Studentenwerk an und erkundigte sich, ob es stimme, dass die Organisation zum Weihnachtsfest Weihnachtsmänner vermittle. Ja, das habe seine Richtigkeit. Studenten stünden dafür bereit, 25 DM koste eine Bescherung, die Kostüm brächten die Studenten mit, die Geschenke müsste der Hausherr natürlich selbst stellen. »Versteht sich, versteht sich«, sagte Herr Lemm, gab die Adresse seiner Villa in Berlin-Dahlem an und bestellte einen Weihnachtsmann für den 24. Dezember um 18 Uhr. Seine Kinder seien noch klein, und da sei es nicht gut, sie allzu lange auf die Bescherung warten zu lassen. Der bestellte Weihnachtsmann kam pünktlich. Er war ein Student mit schwarzem Vollbart, unter dem Arm trug er ein Paket.

»Wollen Sie so auftreten?«, fragte Herr Lemm.

»Nein«, antwortete der Student, »da kommt natürlich noch ein weißer Bart darüber. Kann ich mich hier irgendwo umziehen?«

Er wurde in die Küche geschickt. »Da stehen aber leckere Sachen«, sagte er und deutete auf die kalten Platten, die auf dem Küchentisch standen. »Nach der Bescherung, wenn die Kinder im Bett sind, wollen noch Geschäftsfreunde meines Mannes vorbeischauen«, erwiderte die Hausfrau. »Daher eilt es etwas. Könnten Sie bald anfangen?«

Der Student war schnell umgezogen. Er hatte jetzt einen roten Mantel mit roter Kapuze an und band sich einen weißen Bart um. »Und nun zu den Geschenken«, sagte Herr Lemm. »Diese Sachen sind für den Jungen, Thomas«, er zeigte auf ein kleines Fahrrad und andere Spielsachen, »und das bekommt Petra, das Mädchen, ich meine die Puppe und die Sachen da drüben. Die Namen stehen jeweils drauf, da wird wohl nichts schief gehen. Und hier ist noch ein Zettel, auf dem ein paar Unarten der Kinder notiert sind, reden Sie ihnen einmal ins Gewissen, aber verängstigen Sie sie nicht, vielleicht genügt es, etwas mit der Rute zu drohen. Und versuchen Sie, die Sache möglichst rasch zu machen, weil wir noch Besuch erwarten.«

Der Weihnachtsmann nickte und packte die Geschenke in den Sack. »Rufen Sie die Kinder schon ins Weihnachtszimmer, ich komme gleich nach. Und noch eine Frage. Gibt es hier ein Telefon? Ich muss jemanden anrufen.«

»Auf der Diele rechts.«

»Danke.«

Nach einigen Minuten war dann alles so weit. Mit dem Sack über dem Rücken ging der Student auf die angelehnte Tür des Weihnachtszimmers zu. Einen Moment blieb er stehen. Er hörte die Stimme von Herrn Lemm, der gerade sagte: »Wisst ihr, wer jetzt gleich kommen wird? ja, Petra, der Weihnachtsmann, von dem wir euch schon so viel erzählt haben. Benehmt euch schön brav …«

Fröhlich öffnete er die Tür. Blinzelnd blieb er stehen. Er sah den brennenden Baum, die erwartungsvollen Kinder, die feierlichen Eltern. Es hatte geklappt, jetzt fiel die Falle zu. »Guten Tag, liebe Kinder«, sagte er mit tiefer Stimme. »Ihr seid also Thomas und Petra. Und ihr wisst sicher, wer ich bin, oder?«

»Der Weihnachtsmann«, sagte Thomas etwas ängstlich.

»Richtig. Und ich komme zu euch, weil heute Weihnachten ist. Doch bevor ich nachschaue, was ich alles in meinem Sack habe, wollen wir erst einmal ein Lied singen. Kennt ihr ›Stille Nacht, heilige Nacht‹? Ja? Also!«

Er begann mit lauter Stimme zu singen, doch mitten im Lied brach er ab. »Aber, aber, die Eltern singen ja nicht mit! Jetzt fangen wir alle noch mal von vorne an. Oder haben wir den Text etwa nicht gelernt? Wie geht denn das Lied, Herr Lemm?«

Herr Lemm blickte den Weihnachtsmann befremdet an. »Stille Nacht, heilige Nacht, alles schläft, einer wacht …«

Der Weihnachtsmann klopfte mit der Rute auf den Tisch: »Einsam wacht! Weiter! Nur das traute …«

»Nur das traute, hochheilige Paar«, sagte Frau Lemm betreten, und leise fügte sie hinzu: »Holder Knabe im lockigen Haar.«

»Vorsagen gilt nicht«, sagte der Weihnachtsmann barsch und hob die Rute. »Wie geht es weiter?«

»Holder Knabe im lockigen …«

»Im lockigen Was?«

»Ich weiß es nicht«, sagte Herr Lemm. »Aber was soll denn diese Fragerei? Sie sind hier, um …«

Seine Frau stieß ihn in die Seite, und als er die erstaunten Blicke seiner Kinder sah, verstummte Herr Lemm.

»Holder Knabe im lockigen Haar«, sagte der Weihnachtsmann. »Schlaf in himmlischer Ruh, schlaf in himmlischer Ruh. Das nächste Mal lernen wir das besser. Und jetzt singen wir noch einmal miteinander.«

»Stille Nacht, heilige Nacht …«

»Gut, Kinder«, sagte er dann. »Eure Eltern können sich ein Beispiel an euch nehmen. So, jetzt geht es an die Bescherung. Wir wollen doch mal sehen, was wir hier im Sack haben. Aber Moment, hier liegt ja noch ein Zettel!« Er griff nach dem Zettel und las ihn durch.

»Stimmt das, Thomas, dass du in der Schule oft ungehorsam bist und den Lehrern widersprichst?«

»Ja«, sagte Thomas kleinlaut.

»So ist es richtig«, sagte der Weihnachtsmann. »Nur dumme Kinder glauben alles, was ihnen die Lehrer erzählen. Brav, Thomas!«

Herr Lemm sah den Studenten beunruhigt an.

»Aber …«, begann er. »Sei doch still«, sagte seine Frau.

»Wollten Sie etwas sagen?«, fragte der Weihnachtsmann Herrn Lemm mit tiefer Stimme und strich sich über den Bart.

»Nein.«

»Nein, lieber Weihnachtsmann, heißt das immer noch. Aber jetzt kommen wir zu dir, Petra. Du sollst manchmal bei Tisch reden, wenn du nicht gefragt wirst, ist das wahr?« Petra nickte. »Gut so«, sagte der Weihnachtsmann. »Wer immer nur redet, wenn er gefragt wird, bringt es in diesem Leben zu nichts. Und da ihr so brave Kinder seid, sollt ihr nun auch belohnt werden. Aber bevor ich in den Sack greife, hätte ich gerne etwas zu trinken.« Er blickte die Eltern an.

»Wasser?«, fragte Frau Lemm.

»Nein, Whisky. Ich habe in der Küche eine Flasche ›Chivas Regal‹ gesehen. Wenn Sie mir davon etwas einschenken würden? Ohne Wasser, bitte, aber mit etwas Eis.«

»Mein Herr!«, sagte Herr Lemm, aber seine Frau war schon aus dem Zimmer. Sie kam mit einem Glas zurück, das sie dem Weihnachtsmann anbot. Er leerte es und schwieg.

»Merkt euch eins, Kinder«, sagte er dann. »Nicht alles, was teuer ist, ist auch gut. Dieser Whisky kostet etwa 50 DM pro Flasche. Davon müssen manche Leute einige Tage leben, und eure Eltern trinken das einfach runter. Ein Trost bleibt: der Whisky schmeckt nicht besonders.«

Herr Lemm wollte etwas sagen, doch als der Weihnachtsmann die Rute hob, ließ er es.

»So, jetzt geht es an die Bescherung.«

Der Weihnachtsmann packte die Sachen aus und überreichte sie den Kindern. Er machte dabei kleine Scherze, doch es gab keine Zwischenfälle, Herr Lemm atmete leichter, die Kinder schauten respektvoll zum Weihnachtsmann auf, bedankten sich für jedes Geschenk und lachten, wenn er einen Scherz machte. Sie mochten ihn offensichtlich.

»Und hier habe ich noch etwas Schönes für dich, Thomas«, sagte der Weihnachtsmann. »Ein Fahrrad. Steig mal drauf.« Thomas strampelte, der Weihnachtsmann hielt ihn fest, gemeinsam drehten sie einige Runden im Zimmer.

»So, jetzt bedankt euch mal beim Weihnachtsmann!«, rief Herr Lemm den Kindern zu. »Er muss nämlich noch viele, viele Kinder besuchen, deswegen will er jetzt leider gehen.« Thomas schaute den Weihnachtsmann enttäuscht an, da klingelte es.

»Sind das schon die Gäste?«, fragte die Hausfrau.

»Wahrscheinlich«, sagte Herr Lemm und sah den Weihnachtsmann eindringlich an. »Öffne doch.«

Die Frau tat das, und ein Mann mit roter Kapuze und rotem Mantel, über dem ein langer weißer Bart wallte, trat ein. »Ich bin Knecht Ruprecht«, sagte er mit tiefer Stimme.

Währenddessen hatte Herr Lemm im Weihnachtszimmer noch einmal behauptet, dass der Weihnachtsmann jetzt leider gehen müsse. »Nun bedankt euch mal schön, Kinder«, rief er, als Knecht Ruprecht das Zimmer betrat. Hinter ihm kam Frau Lemm und schaute ihren Mann achselzuckend an.

»Da ist ja mein Freund Knecht Ruprecht«, sagte der Weihnachtsmann fröhlich.

»So ist es«, erwiderte dieser. »Da drauß' vom Walde komm ich her, ich muss euch sagen, es weihnachtet sehr. Und jetzt hätte ich gerne etwas zu essen.«

»Wundert euch nicht«, sagte der Weihnachtsmann zu den Kindern gewandt. »Ein Weihnachtsmann allein könnte nie all die Kinder bescheren, die es auf der Welt gibt. Deswegen habe ich Freunde, die mir dabei helfen: Knecht Ruprecht, den heiligen Nikolaus und noch viele andere.«

Es klingelte wieder. Die Hausfrau blickte Herrn Lemm an, der so verwirrt war, dass er mit dem Kopf nickte; sie ging zur Tür und öffnete. Vor der Tür stand ein dritter Weihnachtsmann, der ohne Zögern eintrat. »Puh«, sagte er. »Diese Kälte! Hier ist es beinahe so kalt wie am Nordpol, wo ich zu Hause bin!«

Mit diesen Worten betrat er das Weihnachtszimmer. »Ich bin Sankt Nikolaus«, fügte er hinzu, »und ich freue mich immer, wenn ich brave Kinder sehe. Das sind sie doch – oder?«

»Sie sind sehr brav«, sagte der Weihnachtsmann. »Nur die Eltern gehorchen nicht immer, denn sonst hätten sie schon längst eine von den kalten Platten und etwas zu trinken gebracht.«

»Verschwinden Sie!«, flüsterte Herr Lemm in das Ohr des Studenten.

»Sagen Sie das doch so laut, dass Ihre Kinder es auch hören können«, antwortete der Weihnachtsmann.

»Ihr gehört jetzt ins Bett«, sagte Herr Lemm.

»Nein«, brüllten die Kinder und klammerten sich an den Mantel des Weihnachtsmannes.

»Hunger«, sagte Sankt Nikolaus.

Die Frau holte ein Tablett. Die Weihnachtsmänner begannen zu essen. »In der Küche steht Whisky«, sagte der erste, und als Frau Lemm sich nicht rührte, machte sich Knecht Ruprecht auf den Weg. Herr Lemm lief hinter ihm her. In der Diele stellte er den Knecht Ruprecht, der mit einer Flasche und einigen Gläsern das Weihnachtszimmer betreten wollte.

»Lassen Sie die Hände vom Whisky!«

»Thomas!«, rief Knecht Ruprecht laut, und schon kam der Junge auf seinem Fahrrad angestrampelt. Erwartungsvoll blickte er Vater und Weihnachtsmann an.

»Mein Gott, mein Gott«, sagte Herr Lemm, doch er ließ Knecht Ruprecht vorbei.

»Tu was dagegen«, sagte seine Frau. »Das ist ja furchtbar. Tu was!«

»Was soll ich tun?«, fragte er, da klingelte es.

»Das werden die Gäste sein!«

»Und wenn sie es nicht sind?«

»Dann hole ich die Polizei!«

Herr Lemm öffnete. Ein junger Mann trat ein. Auch er hatte einen Wattebart im Gesicht, trug jedoch keinen roten Mantel, sondern einen weiten Umhang, an dem er zwei Flügel aus Pappe befestigt hatte. Der Weihnachtsmann, der auf die Diele getreten war, als er das Klingeln gehört hatte, schwieg wie die anderen. Hinter ihm schauten die Kinder, Knecht Ruprecht und Sankt Nikolaus auf den Gast.

»Grüß Gott, lieber …«, sagte Knecht Ruprecht schließlich.

»Lieber Engel Gabriel«, ergänzte der Bärtige verlegen. »Ich komme, um hier nachzuschauen, ob auch alle Kinder artig sind. Ich bin nämlich einer von den Engeln auf dem Felde, die den Hirten damals die Geburt des Jesuskindes angekündigt haben. Ihr kennt doch die Geschichte, oder?«

Die Kinder nickten, und der Engel ging etwas befangen ins Weihnachtszimmer. Zwei Weihnachtsmänner folgten ihm, den dritten, es war jener, der als Erster gekommen war, hielt Herr Lemm fest.

»Was soll denn der Unfug?«, fragte er mit einer Stimme, die etwas zitterte.

Der Weihnachtsmann zuckte mit den Schultern. »Ich begreif auch nicht, warum er so antanzt. Ich habe ihm ausdrücklich gesagt, er solle als Weihnachtsmann kommen, aber wahrscheinlich konnte er keinen roten Mantel auftreiben.«

»Sie werden jetzt alle schleunigst hier verschwinden«, sagte Herr Lemm.

»Schmeißen Sie uns doch raus«, erwiderte der Weihnachtsmann und zeigte ins Weihnachtszimmer. Dort saß der Engel, aß Schnittchen und erzählte Thomas davon, wie es im Himmel aussah. Die Weihnachtsmänner tranken und brachten Petra ein Lied bei, das mit den Worten begann: »Nun danket alle Gott, die Schule ist bankrott.«

»Wie viel verlangen Sie?«, fragte Herr Lemm.

»Wofür?«

»Für Ihr Verschwinden. Ich erwarte bald Gäste, das wissen Sie doch.«

»Ja, das könnte peinlich werden, wenn Ihre Gäste hier hereinplatzen würden. Was ist Ihnen denn die Sache wert?«

»Hundert Mark«, sagte der Hausherr.

Der Weihnachtsmann lachte und ging ins Zimmer. »Holt mal eure El-tern«, sagte er zu Petra und Thomas, »Engel Gabriel will uns noch die Weihnachtsgeschichte erzählen.«

Die Kinder liefen auf die Diele. »Kommt«, schrien sie, »Engel Gabriel will uns was erzählen.« Herr Lemm sah seine Frau an.

»Halt mir die Kinder etwas vom Leibe«, flüsterte er. »Ich ruf jetzt die Polizei an!«

»Tu es nicht«, bat sie, »denk doch daran, was in den Kindern vorgehen muss, wenn Polizisten …«

»Das ist jetzt völlig egal«, unterbrach Herr Lemm. »Ich tu's.«

»Kommt doch«, riefen die Kinder. Herr Lemm hob den Hörer ab und wählte. Die Kinder kamen neugierig näher.

»Hier Lemm«, flüsterte er. »Lemm, Berlin-Dahlem. Bitte schicken Sie ein Überfallskommando.«

»Sprechen Sie bitte lauter.«

»Ich kann nicht lauter sprechen, wegen der Kinder. Hier bei mir zu Haus sind drei Weihnachtsmänner und ein Engel und die gehen nicht weg …«

Frau Lemm hatte versucht, die Kinder wegzuscheuchen, es war ihr nicht gelungen. Petra und Thomas standen neben ihrem Vater und schau-ten ihn an. Herr Lemm verstummte.

»Was ist mit den Weihnachtsmännern?«, fragte der Beamte, doch Herr Lemm schwieg weiter.

»Fröhliche Weihnachten«, sagte der Beamte und hängte auf.

Da erst wurde Herrn Lemm klar, wie verzweifelt seine Lage war.

»Komm, Pappi«, riefen die Kinder, »Engel Gabriel will anfangen.« Sie zogen ihn ins Weihnachtszimmer.

»Zweihundertfünfzig«, sagte er leise zum Weihnachtsmann auf der Couch.

»Pst«, antwortete der und zeigte auf den Engel, der »Es begab sich aber zu der Zeit« sagte und langsam fortfuhr. »Dreihundert.« Als der Engel begann, den Kindern zu erzählen, was der Satz »und die war schwanger« bedeute, sagte Herr Lemm »Vierhundert« und der Weihnachtsmann nickte.

»Jetzt müssen wir leider gehen, liebe Kinder«, sagte er. »Seid hübsch brav, widersprecht euren Lehrern, wo es geht, haltet die Augen offen und redet, ohne gefragt zu werden. Versprecht ihr mir das?«

Die Kinder versprachen es, und nacheinander verließen der Weihnachtsmann, Knecht Ruprecht, Sankt Nikolaus und der Engel Gabriel das Haus.

»Ich fand es nicht richtig, dass du Geld genommen hast«, sagte Knecht Ruprecht auf der Straße.

»Das war nicht geplant.«

»Leute, die sich Weihnachtsmänner mieten, sollen auch dafür bezahlen«, meinte Engel Gabriel.

»Aber nicht so viel.«

»Wieso nicht? Alles wird heutzutage teurer, auch das Bescheren.«

JOACHIM RINGELNATZ
VORFREUDE AUF WEIHNACHTEN

Ein Kind – von einem Schiefertafel-Schwämmchen
Umhüpft – rennt froh durch mein Gemüt.
Bald ist Weihnacht! Wenn der Christbaum blüht,
Dann blüht er Flämmchen.
Und Flämmchen heizen. Und die Wärme stimmt
Uns mild. Es werden Lieder, Düfte fächeln –
Wer nicht mehr Flämmchen hat,
Wem nur noch Fünkchen glimmt,
Wird dann doch gütig lächeln.
Wenn wir im Traume eines ewigen Traumes
Alle unfeindlich sind – einmal im Jahr!
Uns alle Kinder fühlen eines Baumes
Wie es sein soll, wie's allen einmal war.

HEINRICH HOFFMANN VON FALLERSLEBEN
DER TRAUM

Ich lag und schlief; da träumte mir
ein wunderschöner Traum:
Es stand auf unserm Tisch vor mir
ein hoher Weihnachtsbaum.

Und bunte Lichter ohne Zahl,
die brannten ringsumher;
die Zweige waren allzumal
von goldnen Äpfeln schwer.

Und Zuckerpuppen hingen dran;
das war mal eine Pracht!
Da gab's, was ich nur wünschen kann
und was mir Freude macht.

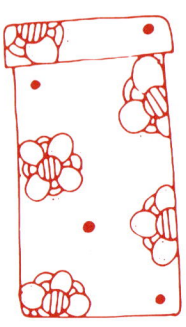

Und als ich nach dem Baume sah
und ganz verwundert stand,
nach einem Apfel griff ich da,
und alles, alles schwand.

Da wacht' ich auf aus meinem Traum,
und dunkel war's um mich.
Du lieber, schöner Weihnachtsbaum,
sag an, wo find ich dich?

Da war es just, als rief er mir:
»Du darfst nur artig sein;
dann steh ich wiederum vor dir;
jetzt aber schlaf nur ein!

Und wenn du folgst und artig bist,
dann ist erfüllt dein Traum,
dann bringet dir der heil'ge Christ
den schönsten Weihnachtsbaum.«

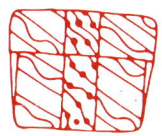

FRITZ BERNHARD
DER UNKORREKTE TANNENBAUM

»Meine liebe Frau! Liebe Kinder!«, holte der Kritiker Peterkarl Busonius zu seiner Weihnachtsansprache aus, die er, neben dem Lichterbaum stehend, alljährlich an die vor ihm angetretene Familie richtete. »Soeben haben wir miteinander ein Lied gesungen, dessen Worte uns allen von frühester Kindheit an wohlvertraut sind und das zu dem Lichterbaum gehört wie sein Nadelkleid. Aber haben wir uns auch einmal Gedanken über die Worte gemacht, ich meine, sind wir auch einmal kritisch an das herangegangen, was wir von unseren Eltern übernommen haben? Nein, meine Lieben, das sind wir nicht. Was haben wir soeben gesungen?«

»Männe, fass dich kurz«, meinte Frau Busonius, »ich habe die Kartoffeln für den Heringssalat auf dem Feuer.«

»Lass in dieser andachtsvollen Stunde deine Kartoffeln, Hildegard, und höre zu«, erwiderte der Kritiker tadelnd. »›O Tannenbaum‹ haben wir gesungen – Ruhe, unterbrecht mich nicht immerzu! Wir begingen, sage ich, schon in diesen zwei

Worten einen Fehler, einen Pleonasmus. Denn dass eine Tanne ein Baum ist und kein Säugetier, ist doch wohl einleuchtend. Es würde also völlig genügen zu sagen – Bartholomäus, schiele nicht nach den Geschenken, sondern antworte! Was zu sagen würde völlig genügen?«

»›O Tanne‹, Papa«, sagte Bartholomäus, der Älteste.

»Es würde genügen und wäre dennoch falsch«, fuhr der Kritiker fort, »denn nicht Tannen sind es gemeinhin, die uns als Weihnachtsbaum dienen, sondern – Philippine, lass den Hund zufrieden, solange ich spreche. Was ist es vielmehr, das uns als Weihnachtsbaum dient?«

»Kiefern, Papa«, sagte Philippine und setzte den Hund auf den Boden.

»Unsinn, Fichtenspitzen sind es. Wir würden also richtigerweise singen – Fürchtegott, nimm die Hand aus der Hosentasche. Wie würden wir richtig singen, Fürchtegott?«

»›O Fichtenbaum‹, Papa.«

»Nicht Baum, Dummkopf, sondern?«

»›O Fichte‹, Papa.«

»Gut. Weiter. Es heißt in der zweiten Zeile: ›Wie grün sind deine Blätter‹, und wieder haben wir Anlass zu ernster Kritik. Dass der Autor von Blättern spricht, obwohl die Tanne bekanntlich zu den Koniferen oder Nadelhölzern zählt, ist gerade himmelschreiend. Noch schwerwiegender aber scheint mir die Formulierung ›wie grün‹, denn sie setzt voraus – dass du mir jetzt aber endlich das Lutschen am Bonbon unterlässt, Eulalie!«

»Wo soll ich denn hin damit?«, widersprach die Jüngste.

»Gib ihn dem Hund und höre zu. Die Formulierung ›Wie grün sind deine Blätter‹ will besagen, dass die Blätter sehr grün sind. Das aber setzt voraus, dass man eine Farbe steigern kann. Die Komparation von Farbtönen ist jedoch Nonsens. Es ist etwas grün oder hellgrün oder dunkelgrün, niemals aber grün, grüner oder am grünsten. So hätte der Autor also richtig sagen müssen – Eulalie, du lutschst ja immer noch. Und zwar woran?«

»An meinem Zahn, Papa«, sagte die Kleine, »soll ich den auch dem Hund geben?«

»Nein, zuhören sollst du. Wie muss das Lied richtig beginnen, Bartholomäus?«

»›O Fichte, o Fichte, deine Nadeln sind grün‹, Papa«, sagte der Älteste.

»Richtig«, lobte der Kritiker, »da es aber eine Selbstverständlichkeit ist, dass die Nadeln der Fichte grün sind, ist die gesamte Aussage hinfällig und hätte längst dem Rotstift zum Opfer fallen müssen. Was folgt hieraus? Es folgt, dass der Autor unseres schönen Liedes leider sehr unkorrekt, sehr oberflächlich gearbeitet hat, so dass der kritische Sinn den Eindruck gewinnt, dass er, als er die Verse niederschrieb, gar nicht recht bei der Sache war. Und dennoch, ihr Lieben, haben wir das Lied gesungen.«

»Aber Papa«, unterbrach die Jüngste, »wir haben doch –«

»Du sollst nicht immer dazwischenreden«, wurde der Redner böse, aber da Eulalie einen Flunsch zog, lenkte er ein: »Was haben wir doch?«

Da rief die ganze Familie: »Wir haben doch ›O du fröhliche‹ gesungen!«

PAULA DEHMEL
WEIHNACHTSSCHNEE

Ihr Kinder, sperrt die Näschen auf,
Es riecht nach Weihnachtstorten;
Knecht Ruprecht steht am Himmelsherd
Und bäckt die feinsten Sorten.

Ihr Kinder, sperrt die Augen auf,
Sonst nehmt den Operngucker:
Die große Himmelsbüchse, seht,
Tut Ruprecht ganz voll Zucker.

Er streut – die Kuchen sind schon voll –
Er streut – na, das wird munter:
Er schüttelt die Büchse und streut und streut
Den ganzen Zucker runter.

Ihr Kinder, sperrt die Mäulchen auf,
Schnell! Zucker schneit es heute;
Fangt auf, holt Schüsseln – ihr glaubt es nicht?
Ihr seid ungläubige Leute!

WEIHNACHTSGANS
KNUSPRIGE GANS

Zutaten:

1 Gans (4 kg)
Salz, Pfeffer
440 ml Dose Maronen
4 Zwiebeln
3 große rote Äpfel
1 Brötchen
1 TL getrockneter
   Majoran
1 TL Beifuß
½ l klare Brühe
2 EL Butter
1 EL Zucker
¼ l Rotwein
3 EL Schlagsahne
Soßenbinder

1. Die Gans waschen, abtrocknen, das lose Fett entfernen und von innen kräftig mit Salz einreiben.
2. Die Innereien der Gans, die abgetropften Maronen, Zwiebeln, 1 Apfel und das Brötchen würfeln. Die Zutaten mit Salz, Pfeffer, Majoran und Beifuß würzen.
3. Die fertige Füllung in die Gans geben, mit Spießen oder Küchengarn verschließen.
4. Die Gans auf dem Rost der Fettpfanne ca. 3 ½ bis 4 Stunden bei 175 Grad braten. Die Brühe angießen, Haut am Keulenansatz mehrmals einstechen. Während des Bratens anfangs mit dem Bratensaft, später mit stark gesalzenem Wasser öfter bestreichen. Zuletzt die Temperatur zum Bräunen auf 250 Grad stellen.
5. Die restlichen beiden Äpfel in Spalten schneiden, in Fett und Zucker ca. 5 Minuten dünsten.
6. Die fertig gebratene Gans warm stellen, den Fond entfetten und durchsieben, mit etwas Wasser auffüllen. Mit Rotwein und Sahne aufkochen. Soßenbinder einrühren und abschmecken.
7. Die Gans auf einer Platte zusammen mit den Apfelspalten garnieren.

GEFÜLLTE GANS AUF ITALIENISCH

Zutaten:

*1 küchenfertige Gans
(3 kg)
250 g Bratwurst
150 g kernlose grüne
Oliven
Salz, frischgemahlener
Pfeffer, Paprikapulver
einige Shitake-Pilze
1 Tasse Öl*

1. Die Innereien sorgfältig säubern und sehr klein hacken, Bratwürste aus der Haut pellen und zerkleinern, Oliven grob hacken, Shitake-Pilze würfeln und alles gut vermengen.
2. Die Gans damit füllen, mit Küchengarn zunähen und mit einer Mischung von Öl, Salz, Pfeffer und Paprika rundherum bestreichen.
3. Mit der Brust nach oben auf den Rost der Schmorpfanne legen. Bei ca. 180 Grad ca. 3 Stunden im Ofen braten, ab und zu mit etwas Wasser begießen.
4. Zur Hälfte der Bratzeit an den Keulen mehrmals in die Haut stechen und gegen Ende den Ofen kurz auf 220 Grad stellen, damit die Gans besonders kross wird.

ERICH KÄSTNER
WEIHNACHTSLIED, CHEMISCH GEREINIGT

Morgen, Kinder, wird's nichts geben!
Nur wer hat, kriegt noch geschenkt.
Mutter schenkte euch das Leben.
Das genügt, wenn man's bedenkt.
Einmal kommt auch eure Zeit.
Morgen ist's noch nicht so weit.

Doch ihr dürft nicht traurig werden.
Reiche haben Armut gern.
Gänsebraten macht Beschwerden.
Puppen sind nicht mehr modern.
Morgen kommt der Weihnachtsmann.
Allerdings nur nebenan.

Lauft ein bisschen durch die Straßen!
Dort gibt's Weihnachtsfest genug.
Christentum, vom Turm geblasen,
macht die kleinsten Kinder klug.
Kopf gut schütteln vor Gebrauch!
Ohne Christbaum geht es auch.

Tannengrün mit Osrambirnen –
lernt drauf pfeifen! Werdet stolz!
Reißt die Bretter von den Stirnen,
denn im Ofen fehlt's an Holz!
Stille Nacht und heil'ge Nacht –
weint, wenn's geht, nicht! Sondern lacht!

Morgen, Kinder, wird's nichts geben!
Wer nichts kriegt, der kriegt Geduld!
Morgen, Kinder, lernt fürs Leben!
Gott ist nicht allein dran schuld.
Gottes Güte reicht so weit …
Ach, du liebe Weihnachtszeit!

ERWIN STRITTMATTER
DER WEIHNACHTSMANN IN DER LUMPENKISTE

In meiner Heimat gingen am Andreastage, dem 30. November, die Ruprechte, das waren die Burschen des Dorfes, in Verkleidungen, wie sie die Bodenkammern und die Truhen der Altenteiler, der Großeltern, hergaben. Die rüden Burschen hatten bei diesen Dorfrundgängen nicht den Ehrgeiz, friedfertige Weihnachtsmänner zu sein. Sie drangen in die Häuser wie eine Räuberhorde, schlugen mit Birkenruten um sich, warfen Äpfel und Nüsse, auch Backobst, in die Stuben und brummten wie alte Bären: »Können die Kinder beten?«

Die Kinder beteten, sie beteten vor Furcht kunterbunt: »Müde bin ich, geh zur Ruh …

Komm, Herr Jesu, sei unser Gast …

Der Mai ist gekommen …«

Lange Zeit glaubte ich, dass das Eigenschaftswort »ruppig« von Ruprecht abgeleitet wäre.

Wenn die Ruprechthorde die kleine Dorfschneiderstube meiner Mutter verließ, roch es in ihr noch lange nach verstockten Kleidungsstücken, nach Mottenpulver und reifen Äpfeln. Meine kleine Schwester und ich waren vor Furcht unter den großen Schneidertisch gekrochen. Die Tischplatte schien uns ein besserer Schutz als unsere Gebetchen zu sein, und wir wagten lange nicht hervorzukommen, noch weniger das Dörrobst und die Nüsse anzurühren.

Die Verängstigung konnte wohl auch unsere Mutter nicht mehr mit ansehen, denn sie bestellte im nächsten Jahr die Ruprechte ab.

Oh, was hatten wir für eine mächtige Mutter! Sie konnte die Ruprechte abbestellen und dafür das Christkind einladen.

Jahrsdrauf erschien bei uns also das Christkind, um die Ruppigkeit der Ruprechte auszutilgen.

Das Christkind trug ein weißes Tüllkleid und ging in Ermangelung von heiligweißen Strümpfen – es war im Ersten Weltkrieg – barfuß in weißen Brautschuhen. Sein Gesicht war von einem großen Strohhut überschattet, dessen breite Krempe mit Wachswatte-Kirschen garniert war. Vom Rande der Krempe fiel dem Christkind ein weißer Tüllschleier übers Gesicht.

Das holde Himmelskind sprach mit piepsiger Stimme und streichelte uns sogar mit seinen Brauthandschuhhänden.

Als wir unsere Gebete abgerasselt hatten, wurden wir mit gelben Äpfeln beschenkt. Sie glichen den Goldparmänen, die wir als Wintervorrat auf dem Boden in einer Strohschütte liegen hatten. Das sollten nun Himmelsäpfel sein?

Wir bedankten uns trotzdem artig mit Diener und Knicks, und das Christkind stakte gravitätisch auf seinen nackten Heiligenbeinen in Brautstöckelschuhen davon.

Meine Mutter war zufrieden. »Habt ihr gesehn, wie's Christkind aussah?«

»Ja«, sagte ich, »wie Buliks Alma, wenn sie hinter einer Gardine hervorlugt.«

Buliks Alma war die etwa vierzehnjährige Tochter aus dem Nachbarhause. An diesem Abend sprachen wir nicht mehr über das Christkind.

Vielleicht kam die Mutter wirklich nicht ohne den Weihnachtsmann aus, wenn sie sich tagsüber die nötige Ruhe in der Schneiderstube erhalten wollte.

Jedenfalls erzählte sie uns nach dem missglückten Christkindbesuch, der Weihnachtsmann habe nunmehr seine Werkstatt über dem Bodenzimmer unter dem Dach eingerichtet.

Das war eine dunkle, geheimnisvolle Ecke des Häuschens, in der wir noch nie gewesen waren. Eine Treppe führte nicht unter das Dach. Eine Leiter war nicht vorhanden. Die Mutter wusste geheimnisvoll zu berichten, wie sehr der Weihnachtsmann dort oben nachts, wenn wir schliefen, arbeitete, so dass uns das Umhertollen und Plappern vergingen, weil sich der Weihnachtsmann bei Tage ausruhen und schlafen musste.

Eines Abends vor dem Schlafengehn hörten wir den Weihnachtsmann auch wirklich in seiner Werkstatt scharwerken, und die Mutter war sicher dankbar gegen den Wind, der ihr beim Märchenmachen half.

»Soll der Weihnachtsmann Tag für Tag schlafen und Nacht für Nacht arbeiten, ohne zu essen?« Diese Frage stellte ich hartnäckig.

»Wenn ihr artig seid, isst er vielleicht einen Teller Mittagessen von euch«, entschied die Mutter.

Also erhielt der Weihnachtsmann am nächsten Tage einen Teller Mittagessen. Mutter riet uns, den Teller an der Tür des Bodenstübchens abzustellen. Ich gab meinen Patenlöffel dazu. Sollte der Weihnachtsmann mit den Fingern essen?

Bald hörten wir unten in der Schneiderstube, wie der Löffel im Teller klirrte. Oh, was hätten wir dafür gegeben, den Weihnachtsmann essen sehen zu dürfen!

Allein, die gute Mutter warnte uns, den alten wunderlichen Mann zu vergrämen, und wir gehorchten.

Von nun an wurde der Weihnachtsmann täglich von uns beköstigt. Wir wunderten uns, dass Teller und Löffel, wenn wir sie am späten Nachmittag vom Boden holten, blink und blank waren, als wären sie durch den Abwasch gegangen.

Der Weihnachtsmann war demnach ein reinlicher Gesell, und wir bemühten uns, ihm nachzueifern. Wir schabten und kratzten nach den Mahlzeiten unsere Teller aus, und dennoch waren sie nicht so sauber wie der Teller des Heiligen Mannes auf dem Dachboden.

Nach dem Mittagessen hatte ich als Ältester, um meine Mutter in der nähfädelreichen Vorweihnachtszeit zu entlasten, das wenige Geschirr zu spülen, und meine Schwester trocknete es ab. Da der Weihnachtsmann sein Essgeschirr in blitzblankem Zustande zurücklieferte, versuchte ich, ihm auch das Abwaschen unseres Mittagsgeschirrs zu übertragen.

Es glückte.

Ich ließ den Weihnachtsmann für mich abwaschen, und meine Schwester war nicht böse, wenn sie die zerbrechlichen Teller nicht abzutrocknen brauchte.

War's Forscherdrang, der mich zwackte, war's, um mich bei dem Alten auf dem Dachboden beliebt zu machen, ich begann ihm außerdem auf eigene Faust meine Aufwartungen zu machen.

Bald wusste ich, was ein Weihnachtsmann gern aß: Von einem Rest Frühstücksbrot, den ich ihm hinaufgetragen hatte, aß er nur die Margarine herunter. Der Großvater schenkte mir ein Zuckerstück, eine rare Sache in jener Zeit. Ich brachte das Naschwerk dem Weihnachtsmann.

Er verschmähte es. Oder mochte er es nur nicht, weil ich es schon angeknabbert hatte? Auch einen Apfel ließ er liegen, aber eine Maus aß er.

Dabei hatte ich ihm die tote Maus nur in der Hoffnung hingelegt, er würde sie wieder lebendig machen; hatte er nicht im Vorjahr einen neuen Schweif an mein altes Holzpferd wachsen lassen?

So, so, der Weihnachtsmann aß also Mäuse! Vielleicht würde er sich auch über Heringsköpfe freuen. Ich legte drei Heringsköpfe vor die Tür der Bodenstube, und da mein Großvater zu Besuch war, hatte ich sogar den Mut, mich hinter der Lumpenkiste zu verstecken, um den Weihnachtsmann bei seiner Heringskopfmahlzeit zu belauschen. Mein Herz pochte in den Ohren.

Lange brauchte ich nicht zu warten, denn aus der Lumpenkiste sprang – murr, marau – unsere schwarzbunte Katze. Ich schwieg über meine Entdeckung und ließ fortan meine Schwester den Teller Mittagessen allein auf den Boden bringen.

Bis zum Frühling bewahrte ich mein Geheimnis, aber als in der Lumpenkiste im Mai, da vor der Haustür der Birnbaum blühte, vier Kätzchen umherkrabbelten, teilte ich meiner Mutter dieses häusliche Ereignis so mit:

»Mutter, Mutter, der Weihnachtsmann hat Junge!«

KLABUND
WEIHNACHT

Ich bin der Tischler Josef,
Meine Frau, die heißet Marie.
Wir finden kein' Arbeit und Herberg'
Im kalten Winter allhie.

Habens der Herr Wirt vom goldnen Stern
Nicht ein Unterkunft für mein Weib?
Einen halbeten Kreuzer zahlert ich gern,
Zu betten den schwangren Leib. –

Ich hab kein Bett für Bettelleut;
Doch scherts euch nur in den Stall.
Gevatter Ochs und Base Kuh
Werden empfangen euch wohl. –

Wir danken dem Herrn Wirt für seine Gnad
Und für die warme Stub.
Der Himmel lohns euch und unser Kind,
Seis Madel oder Bub.

Marie, Marie, was schreist du so sehr? –
Ach Josef, es sein die Wehn.
Bald wirst du den elfenbeinernen Turm,
Das süßeste Wunder sehn. –

Der Josef Hebamme und Bader war
Und hob den lieben Sohn
Aus seiner Mutter dunklem Reich
Auf seinen strohernen Thron.

Da lag er im Stroh. Die Mutter so froh
Sagt Vater Unserm den Dank.
Und Ochs und Esel und Pferd und Hund
Standen fromm dabei.

Aber die Katze sprang auf die Streu
Und wärmte zur Nacht das Kind. –
Davon die Katzen noch heutigen Tags
Maria die liebsten Tiere sind.

KURT TUCHOLSKY
HIMMLISCHE NOTHILFE

»Wat denn? Wat denn? Zwei Weihnachtsmänner?«

»Machen Sie hier nich sonen Krach, Siiie! Is hier vier Tage im Hümmel, als Hilfsengel – und riskiert hier schon ne Lippe.«

»Verzeihen Sie, Herr Oberengel. Aber man wird doch noch fragen dürfen?«

»Dann fragen Sie leise. Sie sehn doch, dass die beiden Herren zu tun haben. Sie packen.«

»Ja, das sehe ich. Aber wenn Herr Oberengel gütigst verzeihen wollen: wieso zwei? Wir hatten auf Schule jelernt: Et jibt einen Weihnachtsmann und fertig.«

»Einen Weihnachtsmann und fertig …! Einen Weihnachtsmann und fertig …! Diese Berliner! So ist das hier nicht! Das sind ambivalente Weihnachtsmänner!«

»Büttaschön?«

»Ambi… ach so, Fremdwörter verstehen Sie nicht. Ich wer Sie mal für vierzehn Tage rüber in den Soziologenhimmel versetzen – halt, oder noch besser, zu den Kunsthistorikern … da wern Sie schon … Ja, dies sind also … diese Weihnachtsmänner – das hat der liebe Gott in diesem Jahr frisch eingerichtet. Sie ergänzen sich, sie heben sich gegenseitig auf …«

»Wat hehm die sich jejenseitich auf? Die Pakete?«

»Wissen Sie … da sagen die Leute immer, ihr Berliner wärt so furchtbar schlau – aber Ihre Frau Mama ist zwecks Ihrer Geburt mit Ihnen wohl in die Vororte gefahren …! Die Weihnachtsmänner sind doppelseitig – das wird er wieder nicht richtig verstehen – die

Weihnachtsmänner sind polare Gegensätze.«

»Aha. Wejen die Kälte.«

»Hümmel … wo ist denn der Fluch-Napf …! Also ich werde Ihnen das erklären! Jetzt passen Sie gut auf: Die Leute beten doch allerhand und wünschen sich zu Weihnachten so allerhand. Daraufhin hat der liebe Gott mit uns Engeln sowie auch mit den zuständigen Heiligen beraten: Wenn man das den Leuten alles erfüllt, dann gibt es ein Malheur. Immer. Denn was wünschen sie sich? Sie wünschen sich grade in der letzten Zeit so verd… so vorwiegend radikale Sachen. Einer will das Hakenkreuz. Einer will Diktatur. Einer will Diktatur mitm kleinen Schuss; einer will Demokratie mit Schlafsofa; eine will einen Hausfreund; eine will eine häusliche Freundin … ein Reich will noch mehr Grenzen; ein Land will überhaupt keine Grenzen mehr; ein Kontinent will alle Kriegsschulden bezahlen, einer will …«

»Ich weiß schon. Ich jehöre zu den andern.«

»Unterbrechen Sie nicht. Kurz und gut: Das kann man so nicht erfüllen. Erfüllt man aber nicht …«

»Ich weiß schon. Dann besetzen sie die Ruhr.«

»Sie sollen mich nicht immer unterbrechen! Erfüllen wir nicht – also: erfüllt der liebe Gott nicht, dann sind die Leute auch nicht zufrieden und kündigen das Abonnement. Was tun?«

»Eine Konferenz einberufen. Ein Exposé schreiben. Mal telefonieren. Den Sozius …«

»Wir sind hier nicht in Berlin, Herr! Wir sind im Himmel. Und eben wegen dieser dargestellten Umstände haben wir jetzt zwei Weihnachtsmänner!«

»Und … was machen die?«

»Weihnachtsmann A erfüllt den Wunsch. Weihnachtsmann B bringt das Gegenteil. Zum Exempel: Onkel Baldrian wünscht sich zu Weihnachten gute Gesundheit. Wird geliefert. Damit die Ärzte aber nicht verhungern, passen wir gut auf; Professor Dr. Speculus will auch leben. Also kriegt er seinen Wunsch erfüllt, und der reiche Onkel Baldrian ist jetzt mächtig gesund, hat eine eingebildete Krankheit und zahlt den Professor.

Oder: Die Nazis wünschen sich einen großen Führer. Kriegen sie: ein Hitlerbild. Der Gegenteil-Weihnachtsmann bringt dann das Gegenteil: Hitler selber.

Herr Merkantini möchte sich reich verheiraten. Bewilligt. Damit aber die Gefühle nicht rosten, bringt ihm der andere Weihnachtsmann eine prima Freundin. Oder: Weihnachtsmann A bringt dem deutschen Volke den gesunden Menschenverstand – Weihnachtsmann B die Presse. Weihnachtsmann A gab Italien die schöne Natur – Weihnachtsmann B: Mussolini. Ein Dichter wünscht sich gute Kritiken: kriegt er. Dafür kauft kein Aas sein Buch mehr. Die deutsche Regierung wünscht Sparmaßnahmen – schicken wir. Der andere Weihnachtsmann bringt dann einen kleinen Panzerkreuzer mit.

Sehn Sie – auf diese Weise kriegt jeder sein Teil. Haben Sie das nun verstanden?«

»Allemal. Da möcht ich denn auch einen kleinen Wunsch äußern. Ich möchte gern im Himmel bleiben und alle Nachmittage von 4 bis 6 in der Hölle Bridge spielen.«

»Tragen Sie sich in das Wunschbuch der Herren ein. Aber stören Sie sie nicht beim Packen – die Sache eilt.«

»Und … verzeihen Sie … wie machen Sie das mit der Börse –?«

»So viel Weihnachtsmänner gibt es nicht, Herr – so viel Weihnachtsmänner gibt's gar nicht –!«

LUDWIG THOMA
DER CHRISTABEND
EINE FAMILIENGESCHICHTE

Bei Oberstaatsanwalts Saltenberger hatten sie drei Töchter, Emerentia, Rosalie und Marie. Alle im höchsten Grade fähig und entschlossen, dem ledigen Stande zu entsagen.

Das herannahende Weihnachtsfest brachte die geliebten Eltern auf den Gedanken, dass sie ihre Kinder am besten mit Männern bescheren würden, und sie überlegten lange, wie dieses zu ermöglichen wäre.

Mama Saltenberger meinte, ihr Mann sollte seine hervorragende Beamtenstellung in die Waagschale werfen und jüngere Kollegen durch die Macht seines Ansehens an ihre staatsbürgerlichen Pflichten erinnern. Saltenberger war nicht prinzipiell abgeneigt, aber er betonte, dass dieser Einfluss nur in ganz familiären Grenzen ausgeübt werden dürfe und dass man in der Wahl der Objekte sehr vorsichtig sein müsse.

In geheimer Beratung wurde zur engeren Wahl der zukünftigen Familienmitglieder geschritten.

Beide Eheleute einigten sich zunächst auf Karl Mollwinkler, zweiter Staatsanwalt. Er war ziemlich abgelebt, und sein kränklicher Zustand ließ hoffen, dass er sich nach der Pflege einer geliebten Frau sehne.

Als Zweiter ging Sebald Schneidler, königlicher Landgerichtssekretär, durch.

Nicht ohne Widerspruch. Frau Saltenberger fand die Stellung denn doch etwas subaltern. Ihr Mann hatte Mühe, sie zu überzeugen, dass die gegenwärtige Zeitrichtung die Standesunterschiede einigermaßen nivelliert habe und dass speziell in Heiratsfragen eine zu strenge Auffassung von Übel sei.

Schließlich kam man dahin überein, dass Schneidler sich in Anbetracht seiner sozialen Verhältnisse mit der ältesten Tochter, der vierunddreißigjährigen Emerentia, zu begnügen habe.

Die Aufstellung des dritten Kandidaten bereitete Schwierigkeiten.

Unter den Juristen fand sich trotz sorgfältiger Prüfung keiner mehr, der des Vertrauens würdig gewesen wäre.

Man musste wohl oder übel in eine andere Sparte hinübergreifen.

Aber auch da zeigten sich überall unüberwindliche Schwierigkeiten, und schon wollte der Oberstaatsanwalt an der gestellten Aufgabe verzweifeln, als im letzten Moment Frau Saltenberger den rettenden Gedanken fasste.

»Weißt du was, Andreas«, sagte sie, »wir nehmen einfach einen von der Post. Da sind die meisten Chancen, denn fast alle Verlobungen, welche man an Weihnachten in der Zeitung liest, gehen von Postadjunkten aus.«

Dieses leuchtete ihrem Manne ein, und er gab seine Zustimmung zur Wahl des Postadjunkten Jakob Geiger. Somit war die Sache gediehen; es galt nunmehr, die zur Bescherung Vorgemerkten unter die drei Töchter zu verteilen. Und das war das Schwierigste.

Der Friede wich aus dem Hause des Oberstaatsanwalts Saltenberger.

Emerentia brach in Tränen aus, als die Eltern von dem Plane sprachen; sie sei immer das Stiefkind gewesen, die anderen Fratzen habe man verhätschelt und verzogen, nur sie sei misshandelt worden, und jetzt solle sie sich mit einem Sekretär begnügen. Vielleicht müsse sie noch Komplimente machen vor dem ekelhaften Ding, der Rosalie, die man natürlich zur Frau Staatsanwalt nehme, obwohl sie die Dümmste von allen sei. Aber nein! nein! und nein! Da kenne man sie schlecht. Sie lasse nicht auf sich herumtrampeln, und lieber verhindere sie den Plan, so dass gar keine einen Mann erwische, als dass sie sich mit dem Affen von einem Sekretär abfinden lasse.

Ihr Widerstand war leidenschaftlich, aber nicht schlimmer als derjenige von Marie, welcher man den Postadjunkten zugedacht hatte. Sie war die Jüngste und durfte billig annehmen, dass sie auf dem Heiratsmarkte die besten Preise erzielen könne. Allerdings schielte sie, aber sie sagte sich, dass ein verständiger Mann solche Kleinigkeiten nicht beachte. Zudem, lieber schielen als einen Kropf haben, wie Emerentia, oder schlechte Zähne, wie Rosalie.

Papa Saltenberger hatte böse Tage; während er auf dem Büro weilte, sammelte sich daheim eine unglaubliche Menge Sprengstoff an, welcher regelmäßig beim Mittagstisch explodierte. So ging das nicht. Die Eltern

beschlossen, die drei Herren als Ganzes zu bescheren und die Wahl den Kindern zu überlassen. Auf diese Weise hatten wenigstens sie Ruhe gefunden, wenngleich der Krieg unter den Schwestern fortdauerte.

Emerentia stickte in heimlicher Abgeschlossenheit an einem Paar Pantoffeln, und bei jedem Stich wurde sie fester entschlossen, dieselben nur dem zweiten Staatsanwalt Mollwinkler zum Zeichen ihrer Liebe an die Füße zu stecken.

Rosalie häkelte einen Tabakbeutel, Marie strickte wollene Handschuhe. Und jede wusste, wem sie die Gabe weihen würde. Alle drei zogen die Mutter ins Vertrauen, und da Frau Saltenberger einen gutmütigen Charakter hatte, sagte sie zu jeder verstohlen: »Kindchen, Kindchen, ich seh dich noch als Frau Staatsanwalt.«

Und jede war glücklich darüber. Erstens überhaupt, und dann, weil die zwei anderen Maulaffen vor Neid bersten würden.

So kam allmählich das heilige Weihnachtsfest heran mit seinem unvergesslichen Zauber für die Familie, jener Tag, an welchem die Junggesellen so ganz besonders Sehnsucht empfinden nach einem schöneren Lose, nach einer liebenden Gattin und nach Kindern, welche mit ihren Spielzeugen um den Christbaum tanzen.

O welche Gefühle walteten in dem Hause des Oberstaatsanwalts Andreas Saltenberger!

Das war ein Raunen und Flüstern, ein geheimnisvolles Weben, ein Hin und Her, von einem Zimmer in das andere, bis endlich um sieben Uhr Vater, Mutter und die drei Töchter sich im Salon versammelten, festlich geschmückt und sehr erwartungsvoll.

Jede der Schwestern erregte durch ihr reizendes Aussehen die Freude der Eltern und das verächtliche Mitleid der beiden anderen.

Es läutete. Das Dienstmädchen eilte zur Türe, im Salon hielten fünf Menschen den Atem an. Wer kam? Eine tiefe Stimme, unverständlich, dann schlurfte das Mädchen zurück und übergab dem hastig öffnenden Papa einen Brief. Aufreißen und lesen. Sekretär Schneidler sagt mit bestem Dank ab, da er heimreise. Die drei Schwestern atmeten auf. Auf diesen Menschen hatte keine reflektiert. Es läutete wieder. Das Dienstmädchen überbrachte einen zweiten Brief. Die Absage des Herrn Staatsanwalts Mollwinkler wegen Unwohlseins.

Drei Lebenshoffnungen waren vernichtet; der Vater blickte die Mutter an, die Schwestern bissen sich auf die Lippen, und ihr Schmerz wäre unerträglich gewesen, wenn sich nicht ein klein wenig Freude an der Enttäuschung der anderen dareingemengt hätte.

Was tun? Papa Saltenberger raffte sich auf und sagte mit erzwungener Höflichkeit: »Wozu auch fremde Menschen? Nun wollen wir das Fest so recht unter uns begehen!«

Da läutete es wieder. Und diesmal kam der königliche Postadjunkt Geiger, welcher noch niemals abgesagt hatte.

Er hatte es nicht zu bereuen. Er war der verhätschelte Liebling der Familie; er bekam ein Paar Pantoffeln, einen Tabakbeutel und wollene Handschuhe, viele Süßigkeiten, Äpfel und Nüsse. Er trank einen sehr guten Wein und einen famosen Punsch, er aß Rheinsalm, Rehbraten und Pudding und bewunderte die Freigebigkeit der Familie, welche für ihn allein so reichlich auftragen ließ.

Er sagte allen Damen Liebenswürdigkeiten und ließ sich von jeder in der gehobenen Stimmung auf die Füße treten.

Und als er ziemlich betrunken den Heimweg antrat, sagte er sich, dass das Familienleben doch sein Gutes, besonders hinsichtlich der leiblichen Genüsse, habe. Und er verlobte sich am Silvesterabend mit der wohlhabenden Witwe Reisenauer, welche ein gutgehendes Geschäft am Marktplatz hatte.

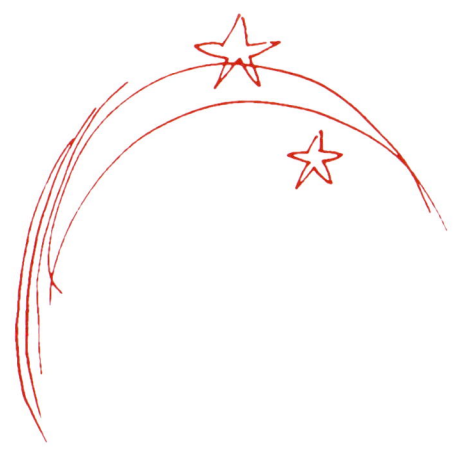

WEIHNACHTSNASCHEREIEN
MARZIPANKARTOFFELN

Zutaten:

250 g Puderzucker
250 g gemahlene
   Mandeln
10 g bittere Mandeln,
   ebenfalls gemahlen
1 Eiweiß
1 TL Rosenwasser
   (aus der Apotheke)
1 TL Rum
Kakaopulver

1. Den Puderzucker sieben und mit den Mandeln mischen.
2. Das Eiweiß leicht verquirlen. Das Rosenwasser, den Rum und nach und nach so viel von dem Eiweiß unter die Mandel-Zucker-Mischung geben, dass die Masse formbar, aber feucht ist.
3. Aus der Marzipanmasse kirschgroße Kugeln formen. Die Kugeln in dem Kakaopulver wenden.

WEIHNACHTSIGEL

Zutaten:

150 g Schokolade
   (am besten
   Blockschokolade)
125 g Nüsse
10 bis 15 Mandeln
100 g Zucker
1 bis 2 Eiweiß

1. Schokolade und Nüsse reiben und mit dem Zucker und dem Eiweiß zu einem Teig verkneten. Einen ganzen Tag ruhen lassen.
2. Kugeln rollen und dann halbieren. Etwas »igelig« formen.
3. Mandeln schälen, in Stifte schneiden und als Stacheln hineinstecken. Die Igel an der Luft trocknen lassen.

DOMINOSTEINE

Zutaten:

125 g Butter
100 g Zucker
1 TL Vanillezucker
50 g Speisestärke
150 g Mehl
3 TL Backpulver
1 Fläschchen
   Orangenschalen-
   Aroma
30 g geriebene Mandeln
3 EL Milch
3 EL süßes Kakaopulver
200 g Johannisbeergelee
200 g Marzipanrohmasse
3 TL Rum
100 g Puderzucker
350 g Schokoladenglasur

1. Die Butter mit Zucker und Vanillezucker schaumig schlagen.
2. Speisestärke, Mehl und 3 gestrichene Teelöffel Backpulver mischen und unter die Butter kneten.
3. Orangenschalen-Aroma, geriebene Mandeln und Milch zufügen. Gut verkneten.
4. Den Teig halbieren. Eine Hälfte mit Kakaopulver verkneten.
5. Beide Teighälften getrennt auf ein mit Backpapier belegtes Blech legen und rechteckig ausrollen oder mit bemehlten Händen flach in Form drücken.
6. Im vorgeheizten Ofen bei 200 Grad 10 bis 12 Minuten backen.
7. Johannisbeergelee leicht erwärmen, glatt rühren und die Hälfte davon auf den hellen Teig streichen.
8. Marzipanrohmasse mit Rum und Puderzucker verkneten, auf Backpapier zur gleichen Größe ausrollen und auf den hellen Teig legen. Mit dem restlichen Gelee bestreichen.
9. Die dunkle Teighälfte darauflegen und leicht andrücken.
10. In 30 Würfel schneiden. Schokoladenglasur erwärmen und Dominosteine damit überziehen.

JOACHIM RINGELNATZ
EINSIEDLERS HEILIGER ABEND

Ich hab in den Weihnachtstagen –
Ich weiß auch warum –
Mir selbst einen Christbaum geschlagen,
Der ist ganz verkrüppelt und krumm.

Ich bohrte ein Loch in die Diele
Und steckte ihn da hinein
Und stellte rings um ihn viele
Flaschen Burgunderwein.

Und zierte, um Baumschmuck und Lichter
Zu sparen, ihn abends noch spät
Mit Löffeln, Gabeln und Trichter
Und anderem blanken Gerät.

Ich kochte zur heiligen Stunde
Mir Erbsensuppe mit Speck
Und gab meinem fröhlichen Hunde
Gulasch und litt seinen Dreck.

Und sang aus burgundernder Kehle
Das Pfannenflickerlied.
Und pries mit bewundernder Seele
Alles das, was ich mied.

Es glimmte petroleumbetrunken
Später der Lampendocht.
Ich saß in Gedanken versunken.
Da hat's an die Türe gepocht,

Und pochte wieder und wieder.
Es konnte das Christkind sein.
Und klang's nicht wie Weihnachtslieder!
Ich aber rief nicht: »Herein!«

Ich zog mich aus und ging leise
Zu Bett, ohne Angst, ohne Spott,
Und dankte auf krumme Weise
Lallend dem lieben Gott.

ERICH KÄSTNER
INTERVIEW MIT DEM WEIHNACHTSMANN

Es hatte schon wieder geklingelt. Das neunte Mal im Verlauf der letzten Stunde! Heute hatten, so schien es, die Liebhaber von Klingelknöpfen Ausgang. Mürrisch rollte ich mich türwärts und öffnete.

Wer, glauben Sie, stand draußen? Sankt Nikolaus persönlich! In seiner bekannten historischen Ausrüstung. »Oh«, sagte ich. »Der eilige Nikolaus!« – »Der heilige, wenn ich bitten darf. Mit h!« Es klang ein wenig pikiert. »Als Junge habe ich Sie immer den eiligen Nikolaus genannt. Ich fand's plausibler.« – »Sie waren das?« – »Erinnern Sie sich denn noch daran?« – »Natürlich! Ein kleiner hübscher Bengel waren Sie damals!«

»Klein bin ich immer noch.« – »Und nun wohnen Sie also hier.« – »Ganz recht.« Wir lächelten resigniert und dachten an vergangene Zeiten.

»Bleiben Sie noch ein bisschen!«, bat ich. »Trinken Sie noch eine Tasse Kaffee mit mir!« Er tat mir, offen gestanden, leid.

Was soll ich Ihnen sagen? Er blieb. Er ließ sich herein. Erst putzte er sich am Türvorleger die Stiefel sauber, dann stellte er den Sack neben die Garderobe, hängte die Rute an einen der Haken, und schließlich trank er mit mir in der Wohnstube Kaffee.

»Zigarre gefällig?« – »Das schlag ich nicht ab.« Ich holte die Kiste. Er bediente sich. Ich gab ihm Feuer. Dann zog er sich mit Hilfe des linken den rechten Stiefel aus und atmete erleichtert auf. »Es ist wegen der Plattfußeinlage. Sie drückt niederträchtig.« – »Sie Ärmster! Bei Ihrem Beruf!« – »Es gibt weniger Arbeit als früher. Das kommt meinen Füßen zupass. Die falschen Nikoläuse schießen wie die Pilze aus dem Boden.«

»Eines Tages werden die Kinder glauben, dass es Sie, den echten, überhaupt nicht mehr gibt.« – »Auch wahr! Die Kerle schädigen meinen Beruf! Die meisten von denen, die sich einen Pelz anziehen, einen Bart umhängen und mich kopieren, haben nicht das mindeste Talent! Es sind

Stümper!« – »Weil wir gerade von Ihrem Beruf
sprechen«, sagte ich, »hätte ich eine Frage an Sie,
die mich schon seit meiner Kindheit beschäftigt. Damals
traute ich mich nicht. Heute schon eher. Denn ich bin Journa-
list geworden.« – »Macht nichts«, meinte er und goss sich Kaffee zu.
»Was wollen Sie seit Ihrer Kindheit von mir wissen?« – »Also«, begann
ich zögernd, »bei Ihrem Beruf handelt es sich doch eigentlich um eine Art
ambulanten Saisongewerbes, nicht? Im Dezember haben Sie eine Menge
Arbeit. Es drängt sich alles auf ein paar Wochen zusammen. Man könnte
von einem Stoßgeschäft reden. Und nun …« – »Hm?« – »Und nun wüsste
ich brennend gern, was Sie im übrigen Jahr tun!«

Der gute alte Nikolaus sah mich einigermaßen verdutzt an. Er machte
fast den Eindruck, als habe ihm noch niemand die so naheliegende Frage
gestellt. »Wenn Sie sich nicht darüber äußern wollen …« – »Doch, doch«,
brummte er. »Warum denn nicht?« Er trank einen Schluck Kaffee und
paffte einen Rauchring. »Der November ist natürlich mit der Materialbe-
schaffung mehr als ausgefüllt. In manchen Ländern gibt's plötzlich keine
Schokolade. Niemand weiß wieso. Oder die Äpfel werden von den Bauern
zurückgehalten. Und dann das Theater an den Zollgrenzen. Und die vielen
Transportpapiere. Wenn das so weitergeht, muss ich nächstens den Oktober noch dazu nehmen. Bis jetzt benutze ich den Oktober eigentlich dazu,
mir in stiller Zurückgezogenheit den Bart wachsen zu lassen.«

»Sie tragen den Bart nur im Winter?« – »Selbstverständlich. Ich kann
doch nicht das ganze Jahr als Weihnachtsmann herumrennen. Dachten
Sie, ich behielte auch den Pelz an? Und schleppte 365 Tage den Sack
und die Rute durch die Gegend? Na also. – Im Januar mache ich
dann die Bilanz. Es ist schrecklich. Weihnachten wird von Jahrhundert zu Jahrhundert teurer!« – »Versteht sich.« – »Dann lese
ich die Dezemberpost. Vor allem die Kinderbriefe. Es hält kolossal
auf, ist aber nötig. Sonst verliert man den Kontakt mit der Kundschaft.« –
»Klar.« – »Anfang Februar lasse ich mir den Bart abnehmen.«

In diesem Moment läutete es wieder an der Flurtür. »Entschuldigen Sie
mich, bitte?« Er nickte. Draußen vor der Tür stand ein Hausierer mit schrei-
end bunten Ansichtskarten und erzählte mir eine sehr lange und sehr traurige
Geschichte, deren ersten Teil ich mir tapfer und mit zusammengebissenen

Ohren anhörte. Dann gab ich ihm das Kleingeld, das ich lose bei mir trug, und wir wünschten einander auch weiterhin alles Gute. Obwohl ich mich standhaft weigerte, drängte er mir als Gegengeschenk ein halbes Dutzend der schrecklichen Karten auf. Er sei, sagte er, schließlich kein Bettler. Ich achtete seinen schönen Stolz und gab nach. Endlich ging er.

Als ich ins Wohnzimmer zurückkam, zog Nikolaus gerade ächzend den rechten Stiefel an.

»Ich muss weiter«, meinte er, »es hilft nichts. Was haben Sie denn da in der Hand?« – »Postkarten. Ein Hausierer zwang sie mir auf.« – »Geben Sie her. Ich weiß Abnehmer. Besten Dank für Ihre Gastfreundschaft. Wenn ich nicht der Weihnachtsmann wäre, könnte ich Sie beneiden.«

Wir gingen in den Flur, wo er seine Utensilien aufnahm. »Schade«, sagte ich. »Sie sind mir noch einen Teil Ihres Jahreslaufs schuldig.«

Er zuckte die Achseln. »Viel ist im Grunde nicht zu erzählen. Im Februar kümmere ich mich um den Kinderfasching. Später ziehe ich auf Frühjahrsmärkten umher. Mit Luftballons und billigem mechanischen Spielzeug. Im Sommer bin ich Bademeister und gebe Schwimmunterricht. Manchmal verkaufe ich auch Eiswaffeln in den Straßen. Ja, und dann kommt schon wieder der Herbst – und nun muss ich wirklich gehen.«

Wir schüttelten uns die Hand. Ich sah ihm vom Fenster aus nach. Er stapfte mit großen, hastigen Schritten durch den Schnee. An der Ecke Ungerstraße wartete ein Mann auf ihn. Er sah wie der Hausierer aus, wie der redselige mit den blöden Ansichtskarten. Sie bogen gemeinsam um die Ecke. Oder hatte ich mich getäuscht?

Eine Viertelstunde danach klingelte es schon wieder. Diesmal erschien der Laufbursche des Delikatessengeschäftes Zimmermann Söhne. Ein angenehmer Besuch! Ich wollte bezahlen, fand aber die Brieftasche nicht gleich. »Das hat ja Zeit, Herr Doktor«, meinte der Bote väterlich.

»Ich möchte wetten, dass sie auf dem Schreibtisch gelegen hat!«, sagte ich. »Nun gut, ich begleiche die Rechnung morgen. Aber warten Sie noch, ich bring' Ihnen eine gute Zigarre!«

Die Kiste mit den Zigarren fand ich auch nicht gleich. Das heißt, später fand ich sie ebenso wenig. Die Zigarren nicht. Die Brieftasche auch nicht.

Das silberne Zigarettenetui war auch nicht zu finden. Und die Manschettenknöpfe mit den großen Mondsteinen und die Frackperlen waren weder an ihrem Platz noch sonst wo. Jedenfalls nicht in meiner Wohnung.

Ich konnte mir gar nicht erklären, wohin das alles geraten sein mochte. Es wurde trotzdem ein stiller hübscher Abend. Es klingelte niemand mehr. Wirklich, ein gelungener Abend. Nur irgendetwas fehlte mir. Aber was? Eine Zigarre? Natürlich! Glücklicherweise war das goldene Feuerzeug auch nicht mehr da. Denn das muss ich, obwohl ich ein ruhiger Mensch bin, bekennen: Feuer zu haben, aber nichts zum Rauchen im Haus, das könnte mir den ganzen Abend verderben!

HELI BUSSE
SO EINFACH IST WEIHNACHTEN NICHT

»Und nun«, sagte der Vater und setzte sich mit Onkel Emil genießerisch in den Sesseln zurecht, »wollen wir mal eine von den Zigarren rauchen, die ihr uns geschenkt habt.«

»Was? Jetzt vor dem Mittagessen die guten Zigarren? Die hebt euch man schön auf!«, befahl die Mutter und nahm ihnen die Zigarren wieder aus dem Mund. Da guckten die beiden eine Weile dumm vor sich hin und nahmen schließlich schüchtern Zigaretten. Der Vater suchte lange nach einem Streichholz, bis ihn Tante Alma liebevoll auf das Feuerzeug aufmerksam machte, das sie ihm geschenkt hatte. Er drückte insgesamt siebenundachtzigmal, bevor er den Witz vom Tausendzünder machte. Da nahm ihm Tante Alma das Feuerzeug weg, sagte: »Du machst es noch kaputt!« – und ging mit verkniffenem Gesicht in die Küche.

Die Kinder rasten inzwischen mit den geschenkten Autos und Traktoren durch die Stube. Der Lärm dabei war so echt, dass Onkel Emil sagte: »Nun hört mal endlich auf! Ihr werdet die Dinger noch kaputtmachen.« Da packten die Kinder die Autos weg und sahen zu, wie der Vater versuchte, die geschenkte Schnapsflasche zu entkorken. Er hatte gerade wieder ein Stück Korken raus, als Tante Alma aus der Küche zurückkam, die Lage mit einem Blick durchschaute, die Schnapsflasche sicherstellte und hart sagte: »Sauft nicht so viel!«

»Aber wir haben doch noch gar nicht«, behauptete der Vater erbittert. Tante Alma blickte ihn nur einmal kurz an. Da war ihm, als hätte er doch schon. Und sie sprach weiter: »Ich werde mir jetzt die neue Bluse anziehen, die du mir geschenkt hast, was Emil?«

Onkel Emil richtete einen Blick zur Decke und sprach so nebenhin, dass es zwar bedauerlich sei, er sie aber nicht daran hindern könne, das eben gekaufte neue Stück zu versauen und mit Bratensoße zu bekleckern, worauf Tante Alma unter Mitnahme der Bluse abermals mit verkniffenem Gesicht in die Küche ging.

Die Absicht des Vaters, die Schnapsflasche nunmehr dennoch zu entkorken, scheiterte an der Wachsamkeit der Kinder. »Tante Alma!«, brüllte das Jüngste, »sie saufen schon wieder!«

Onkel Emil hielt seine zuckende Rechte mit der Linken fest, reichte dem lieben Kleinen statt des Beabsichtigten einen Teddy aus Pfefferkuchen und sprach mühsam beherrscht: »Pst, pst! Ei sieh mal, was deine Tante Alma für dich gebacken hat: einen Teddybären!«

Der Junge schüttelte den Kopf und behauptete, das Tier sei kein Teddy, sondern ein Pferd.

»Das ist doch kein Pferd, das ist ein Teddy!«, sagte Tante Alma, die wegen des Schnapsalarms herbeigeeilt war. Der Jüngste biss in den Tierpfefferkuchen und erklärte sachlich: »Es ist kein Teddy, es schmeckt nach Pferd!«

Bevor Tante Alma wieder Luft bekam, stürzte die gute Mutti ins Zimmer, riss dem Kind den Pfefferkuchen zwischen den Zähnen hervor und rief: »Auf keinen Fall isst du das vor dem Mittagessen! Was meinst du, Vater, soll ich den neuen Rock anziehen?«

Der Vater zuckte mit den Schultern und erklärte gleichgültig: »Wenn du mein Geschenk so wenig achtest – bitte! Ich hatte ihn dir an sich für besondere Gelegenheiten geschenkt.«

Da gingen die beiden Frauen heulend in die Küche zurück, aus der es bereits nach Gans oder irgendeinem anderen angebrannten Tier gar appetitlich duftete.

Und da der Vater abermals an der Schnapsflasche herumzufummeln begann, grölte diesmal der Älteste: »Sie saufen schon wieder!«

Die Frauen stürzten ins Zimmer, die Kleidungsstücke, die sie heimlich anziehen wollten, in den Händen. Alle schämten sich, von den Kindern abgesehen, die gerade klebrige Bonbons in das Teppichmuster einarbeiteten.

»Schluss jetzt!«, sprach der Vater ernst. »Jeder legt sein Geschenk wieder unter den Baum!«

So geschah es. Da lagen die Bluse, der Rock, das Feuerzeug, die Autos und Traktoren, die Zigarren und Pfefferkuchen, und da stand die Schnapsflasche.

»Schön, unsere Geschenke!«, sagten alle und dachten wütend: ›Wenn man doch bloß richtig ran könnte!‹

MARK SPÖRRLE
DIESES JAHR SCHENKEN WIR UNS NICHTS!

»Lass es uns dieses Jahr anders machen«, sagte meine Liebste. »Lass uns auf den ganzen Vorweihnachtsstress verzichten! Lass und lieber mehr Zeit haben, auch füreinander …«

»Gerne«, rief ich. »Nur wie?«

»Ganz einfach«, sagte meine Liebste, »dieses Jahr schenken wir uns nichts!«

Ich lächelte skeptisch. »Das haben schon andere versucht. Barbara und Till vor zwei Jahren zum Beispiel – weißt du noch, wie sie am Ende heimlich doch Geschenke besorgt hatten und Heiligabend alles brüllend aus dem Fenster warfen? Und dieser wahnsinnige Schriftsteller, der die eigenen Hemden, die seine Frau aus der Reinigung geholt hatte, in Stücke schnitt, weil er dachte, sie seien Geschenke von ihr? Also, ganz ehrlich – ich habe auf so etwas keine Lust.«

Am Ende leisteten wir einen feierlichen Schwur: Wir beide würden uns dieses Jahr nichts zu Weihnachten schenken. Keine Kleinigkeit. Nichts. Rein gar nichts.

Wir unterrichteten Freunde, Bekannte und Verwandte. Ich malte zwei große Transparente, die wir im Hausflur und an unserer Wohnungstür aufhängten (»Dieses Jahr schenken wir uns nichts!«), und meine Liebste legte sämtliche verfügbare Geldsummen auf unseren Bankkonten bis Ende Januar als Festgeld an.

Tatsächlich verliefen die ersten Tage der Adventszeit so entspannt wie noch nie. Als wir im Schaufenster der Galerie an der Ecke zufälligerweise dieses blaue Gemälde mit dem Leuchtturm und den Möwen entdeckten, das stilistisch und farblich genau das war, was wir immer fürs Schlafzimmer gesucht hatten, schüttelte ich nur bedauernd den Kopf. »Vielleicht ist es ja nach Weihnachten noch da«, sagte ich nebenbei.

»Ich schätze nicht«, sagte meine Liebste gleichgültig. »Es ist sehr schön. Aber das macht nichts. Wir werden ein anderes finden. Oder auch nicht. Schlimmstenfalls suchen wir eben noch ein Jahr.«

»Oder auch zwei«, sagte ich schulterzuckend und wich einer der traurigen Gestalten aus, die mit bunten überfüllten Tüten an uns vorbeihetzten.

Nur um sicherzugehen, klingelte ich am selben Abend bei unseren Nachbarn und bat sie, uns in den nächsten Wochen noch genauer als sonst zu beobachten: Sobald sie einen von uns mit einem Geschenk für den anderen erwischten, beispielsweise mit einem blauen Gemälde, sollten sie es konfiszieren und nach Belieben verwenden.

»Ihr seid sicher, dass ihr euch nicht trotzdem was schenken wollt?«, fragte Martina von nebenan mit ungläubigem Lächeln. »Nicht mal eine Kleinigkeit?«

»Genau«, sagte ich. »Und wir zählen auf eure Hilfe!«

»Aber sich Weihnachten gar nichts zu schenken«, rief Martina mir nach, »absolut gar nichts, ist das nicht – herzlos?«

Kopfschüttelnd ging ich in unsere Wohnung zurück.

»Wir bleiben doch dabei«, fragte ich meine Liebste beiläufig beim Abendessen. »Dieses Jahre schenken wir uns nichts, oder?«

»Selbstverständlich«, sagte sie. »Wieso fragst du?«

Später, wir unterhielten uns über die Tankstelle ein paar Straßen weiter, die seit Tagen geschlossen war, obwohl der Tankwart mir noch zwei Euro schuldete, wechselte meine Liebste nur eine Spur zu abrupt das Thema und erzählte, dass es in dem Delikatessengeschäft neben der Tankstelle tolle neue handgeschöpfte Zartbitterschokoladen geben, unter anderem mit Biopflaumen und Erdnusspfeffer.

Dabei fiel mir plötzlich auf, beobachtete sie genau, wie ich reagierte.

»Äh«, sagte ich. »Nur um ganz sicher zu sein: Dass wir uns nichts schenken, gilt auch für Kleinigkeiten wie etwa Schokolade, richtig?«

»Genau«, sagte meine Liebste bemüht unschuldig. »Wieso fragst du?«

»Ach, nur so«, sagte ich und bemühte mich, meine Enttäuschung zu verbergen. Frauen sind manchmal leicht zu durchschauen.

Unglücklicherweise fuhr ich eine paar Tage später mit unserer Nachbarin Martina im Fahrstuhl, als mein Handy zu klingeln begann. Als ich es hastig aus der Tasche zerrte, rutschten die belgischen Pralinen, die ich bei dem völlig überlaufenen Chocolatier in der Innenstadt gekauft hatte, gleich mit heraus.

»Tut mir leid«, sagte Martina und hob die Packung vom Boden auf. »Aber das sieht mir schwer nach einem Weihnachtsgeschenk aus. Oder habt ihr es euch anders überlegt …?«

»Nein«, seufzte ich. »Nein, haben wir nicht. Es war ein Ausrutscher, eine Gedankenlosigkeit.«

»Macht ja nichts«, lächelte Martina. »Ich liebe belgische Pralinen.«

Vielleicht war es besser so gewesen. Am nächsten Morgen, als ich nach dem Frühstück eine Idee notieren wollte, merkte ich, dass die Mine meines Kugelschreibers fast leer war.

»Den hast du auch schon ewig, richtig?«, fragte meine Liebste und griff nach dem Stift.

»Ich muss nur eine neue Miene kaufen«, sagte ich.

»Ob sich das noch lohnt?«, fragte sie und gab ihn mir schnell zurück, als sie meinen Blick bemerkte.

Aber ich wusste Bescheid.

In der U-Bahn kam mir die angemessene Gegenidee: Ihr alter Geldbeutel war nur noch ein formloser Klumpen. Ich beschloss, mein anstehendes Mittagessen mit einem Geschäftspartner in einen Schnellimbiss zu verlegen, ihr von dem gesparten Geld ein neues Portemonnaie zu kaufen und es in unsere Wohnung zu schmuggeln; am nächsten Donnerstag, denn donnerstags arbeitete unsere Nachbarin Martina immer bis spätabends.

Vor dem Aufzug lungerte dafür ihr Mann Dittmar mit einem Buch in der Hand herum.

»Na endlich«, sagte er und begann mit geübten Bewegungen meine Taschen zu filzen. Es dauerte kaum eine halbe Minute, bis er den Geldbeutel in meiner Butterbrotdose gefunden hatte.

»Sorry«, sagte Dittmar und ließ ihn in seine Tasche gleiten. »Aber ihr habt es selber so gewollt …!«

Meine Liebste hatte in Sachen Kugelschreiber offenbar auch keinen Erfolg gehabt. Tage später zupfte sie am Ärmel meines schwarzen Lieblingssakkos, das ich eben mit aller Kraft schloss.

»Irgendwann brauchst du mal ein neues«, murmelte sie leise.

Ich hatte es trotzdem gehört.

Im Kaufhaus in der City fand ich einen kuscheligen Bademantel, genau so einen, wie sie schon immer gewollt hatte. Ich tauschte ihn gegen zwei noch originalverpackte Hemden ein, die ich erst kürzlich dort gekauft hatte.

Auf dem Heimweg zog ich den Bademantel unter meinen langen Mantel, mied in unserem Haus den Aufzug und nahm die Treppe.

Unser Nachbar von ganz unten, der an seiner Wohnungstür lehnte, ließ sich mit der hübsch verpackten, aber völlig leeren Pappschachtel aus meinem Rucksack abspeisen. An der alten Frau Schmidtke, die gerade vor ihrer Tür wischte, huschte ich mit kurzem Gruß vorbei. Doch dabei verhedderte sich mein Fuß im Saum des Bademantels.

Während ich noch stürzte, war Frau Schmidtke mit einem für ihr Alter erstaunlichen Satz bei mir. Sie schlug meinen Mantel auseinander und sah mich vorwurfsvoll an.

»Wenn Sie mich austricksen wollen, müssen Sie früher aufstehen!«, sagte sie. »Oder haben Sie beide etwa Ihren Schwur gebrochen?«

Am nächsten Morgen humpelte ich zum Elektroladen.

Dort gab es den beleuchteten Schminkspiegel, den sich meine Liebste schon vor Jahren gewünscht hatte und der ihr immer zu teuer gewesen war. Der Ladenbesitzer erklärte sich einverstanden mit null Euro Anzahlung und hochverzinsten Raten über ein halbes Jahr. Dafür würde er, verkleidet als Stromableser, den Spiegel am folgenden Tag unauffällig liefern und montieren.

»Entschuldigung«, sagte der Mann, der neben mir an der Ladentheke stand. »Das sollten Sie sich besser noch einmal überlegen.«

Es war unser Nachbar Professor Pöppelmann.

Ich tat, als hätte ich vor lauter Arbeit ganz vergessen, dass Weihnachten noch nicht vorbei war.

»Es bleibt doch dabei«, beharrte ich abends meiner Geliebten gegenüber. »Wir schenken uns dieses Jahr nichts? Wir haben geschworen, dass wir uns nichts schenken, und wir bleiben auch dabei, ist das richtig?«

»Ja, sicher«, sagte meine Liebste verwundert. »Das haben wir geschworen, und es bleibt dabei.«

»Wärst du bereit, es noch einmal zu schwören?«, hakte ich nach.

»Warum nicht?«, lachte sie und hob die Finger. »Ich schwöre feierlich: Dieses Jahr schenken wir uns nichts!«

Ich hätte ihr fast geglaubt. Allerdings sah ich kurz darauf, als ich am Geschäft Nummer eins für Fitnessbedarf vorbeischlich, eine gutaussehende Frau, die sich an den Design-Rudermaschinen beraten ließ. Ich brauchte kein zweites Mal hinzusehen, um zu wissen, dass es meine Frau war.

Am letzten verkaufsoffenen Tag vor Weihnachten hatte ich die rettende Idee. Ich installierte am Fenster im Arbeitszimmer einen Flaschenzug mit einem langen Seil, das bis auf die Straße reichte, verließ harmlos pfeifend das Haus und huschte, als die Straße menschenleer war, gebückt in die Galerie an der Ecke.

»Ich interessiere mich für das blaue Bild mit dem Leuchtturm und den Möwen«, raunte ich der Vekäuferin zu. »Ich bin zurzeit mit dem Geld etwas knapp, aber ich möchte Ihnen als Pfand meine Uhr anbieten; sie ist mindestens dreimal so viel wert …«

»Nicht nötig«, sagte die Verkäuferin. »Das Bild haben wir heute Morgen verkauft.«

Ich musste nicht fragen, an wen. Meine Liebste hatte mich mit der Rudermaschine in die Irre geführt, um mir dann das Bild vor der Nase wegzuschnappen.

Alles, was ich noch tun konnte, war, einen Gutschein für eine Kurzreise nach Venedig zu basteln, in mühsam bemaltes Zeitungspapier einzuschlagem (wir hatten vorsichtshalber sämtliche Weihnachtspapierreste vom letzten Jahr verbrannt) und in meinem Sakko zu verstecken, bis wir beide an Heiligabend den Weihnachtsbaum entzündeten, uns umarmten und uns, wie geschworen, ganz ohne Geschenke, Frohe Weihnachten wünschten.

»Ich bin froh, dass wir unser Versprechen durchgehalten und uns wirklich nichts geschenkt haben«, sagte meine Liebste. »So eine erholsame Vorweihnachtszeit hatte ich noch nie. Lass uns das nächstes Jahr wieder machen!«

»Gerne«, sagte ich erleichtert. Später ließ ich das Päckchen aus meiner Sakkotasche ins Altpapier gleiten.

Das blaue Gemälde mit dem Leuchtturm und den Möwen wurde zu Silvester geliefert.

O. HENRY
DAS GESCHENK DER WEISEN

Ein Dollar und siebenundachtzig Cent. Das war alles. Und sechzig Cent davon waren Pennies. Stück für Stück ersparte Pennies, dem Krämer, Gemüsehändler oder Metzger mit schamroten Wangen abgehandelt, obwohl ihr wegen dieses Feilschens niemand Knauserigkeit vorwarf. Dreimal zählte Della das Geld nach. Ein Dollar und siebenundachtzig Cent. Und morgen war Weihnachten. Da blieb einem nichts übrig, als sich auf die schäbige kleine Couch zu werfen und zu heulen. Das machte Della auch. Was zu der philosophischen Betrachtung reizt, das Leben bestehe aus Schluchzen, Schniefen und Lächeln, zumeist wohl aus Schniefen.

Während die Verzweiflung der Dame des Hauses allmählich abklingt, wollen wir uns das Heim betrachten. Eine möblierte Wohnung für acht Dollar die Woche. Sie war nicht unbedingt armselig zu nennen, aber weit entfernt davon war sie wiederum nicht.

Im Hausflur unten gab es einen Briefkasten, in den niemals Briefe eingeworfen wurden, und einen elektrischen Klingelknopf, dem kein Sterblicher je einen Laut entlockt hatte. Dazu gehörte noch eine Karte mit dem Namen ›Mr. James Dillingham Young‹. Das ›Dillingham‹ war in einer früheren Periode des Wohlstandes schwungvoll geschrieben worden, als der Besitzer des Namens noch dreißig Dollar in der Woche bekam. Jetzt, da das Einkommen auf zwanzig Dollar geschrumpft war, schienen die Buchstaben des Namens ›Dillingham‹ verschwommen, als wollten sie sich zu einem bescheidenen ›D‹ zusammenziehen. Wenn jedoch Mr. James Dillingham Young nach Hause kam und seine Wohnung betrat, wurde er ›Jim‹ gerufen und von Frau James Dillingham Young, Ihnen schon als Della bekannt, stürmisch umarmt. So weit, so gut.

Della hörte auf zu weinen und fuhr mit der Puderquaste über ihre Wangen. Sie stand am Fenster und sah trübsinnig einer grauen Katze zu, die im grauen Hinterhof an einem grauen Zaun entlangschlich. Morgen war Weihnachten, und sie hatte nur einen Dollar und siebenundachtzig Cent, um für Jim ein Geschenk zu kaufen. Seit Monaten hatte sie jeden Penny gespart, und das war das Ergebnis! Mit zwanzig Dollar in der Woche kommt man nicht weit. Nur ein Dollar siebenundachtzig, um für Jim ein Geschenk zu kaufen. Manch glückliche Stunde hatte sie damit zugebracht, sich etwas Hübsches für ihn auszudenken. Etwas Schönes, Seltenes, Gediegenes – etwas, das annähernd würdig wäre, Jim zu gehören.

Zwischen den Fenstern des Zimmers befand sich ein Pfeilerspiegel. Nur eine schlanke und bewegliche Person konnte, wenn sie ihr Spiegelbild in einem raschen Wechsel von Längsstreifen betrachtete, eine einigermaßen zuverlässige Vorstellung ihres Aussehens bekommen. Della war schlank und beherrschte diese Kunst. Plötzlich wandte sie sich vom Fenster ab und stellte sich vor den Spiegel. Ihre Augen glänzten und funkelten, aber ihr Gesicht hatte innerhalb von zwanzig Sekunden jede Farbe verloren. Flink löste sie ihr Haar und ließ es in voller Länge herabfallen.

Es war so, dass es zwei Dinge im Besitz der Familie James Dillingham Young gab, auf die beide mächtig stolz waren. Eines war Jims goldene Uhr, die schon seinem Vater und Großvater gehört hatte. Das andere war Dellas Haar. Würde die Königin von Saba in der Wohnung gegenüber des Lichtschachtes wohnen, hätte Della eines Tages nur ihr Haar zum Trocknen aus dem Fenster halten müssen, um die Juwelen und Vorzüge Ihrer Majestät in den Schatten zu stellen. Und wäre König Salomo der Portier des Hauses, hätte Jim im Vorbeigehen nur seine Uhr zücken müssen, um zu sehen, wie dieser sich vor Neid seinen Bart raufen würde.

Nun fiel also Dellas Haar glänzend und wellig wie ein brauner Wasserfall um sie herab. Es reichte ihr bis unter die Knie und umhüllte sie wie ein Gewand. Mit zittriger Hast steckte sie es wieder auf. Einen Augenblick zögerte sie noch, während ein oder zwei Tränen auf den abgetretenen roten Teppich fielen.

Dann warf sie sich ihre alte braune Jacke über, setzte ihren alten braunen Hut auf und lief mit wehendem Rock und noch immer funkelnden Augen zur Tür hinaus, die Treppe hinunter, auf die Straße.

Sie blieb erst vor einem Schild stehen, auf dem zu lesen war: ›Mme Sofronie, Haare aller Art.‹ Della rannte die Treppe hinauf und versuchte, nach Luft ringend, sich zu sammeln. Madame, groß, zu weiß gepudert, kühl, sah kaum nach »Sofronie« aus.

»Wollen Sie mein Haar kaufen?«, fragte Della.

»Nehmen Sie Ihren Hut ab, damit wir es sehen können.«

Der braune Wasserfall stürzte in Wellen herab.

»Zwanzig Dollar«, sagte Madame und hob mit geübter Hand die Haarflut.

»Schnell, geben Sie her«, sagte Della.

Oh, und die nächsten zwei Stunden flogen vorbei auf rosigen Schwingen. Entschuldigen Sie die schiefe Metapher! Sie durchstöberte die Läden nach Jims Geschenk.

Schließlich fand sie es. Es war für Jim und niemanden sonst gemacht. Nichts in all den anderen Läden glich ihm, und sie hatte überall das Oberste zuunterst gekehrt. Es war eine Uhrkette aus Platin, schlicht und edel in der Ausführung, im Wert am Material und nicht an unnötigem Zierrat zu erkennen – wie es bei allen guten Dingen sein soll. Eine Kette, die der Uhr würdig war. Kaum hatte sie die Kette erblickt, wusste sie, dass sie Jim gehören musste. Sie war wie er. Vornehm und wertvoll – das traf auf beide zu. Einundzwanzig Dollar nahm man ihr dafür ab, und mit den siebenundachtzig Cent eilte sie nach Hause. Mit dieser Kette an seiner Uhr konnte Jim in jeder Gesellschaft nach der Zeit sehen. Denn so prächtig die Uhr auch war, er hatte oft nur verschämt draufgeschaut, denn sie hing, statt an einer Kette, an einem alten Lederriemen.

Als Della zu Hause ankam, wich ihr Rausch ein wenig der Vorsicht und Vernunft. Sie holte ihre Brennschere hervor, zündete das Gas an und machte sich daran, die Verheerungen zu beseitigen, die sie aus Freigebigkeit und Liebe angerichtet hatte.

Nach vierzig Minuten war ihr Kopf dicht mit winzigen Löckchen bedeckt, was wundervoll aussah und an einen schuleschwänzenden Jungen erinnerte. Sie betrachtete lange, sorgfältig und kritisch ihr Spiegelbild. »Wenn Jim mich nicht umbringt«, sagte sie zu sich selbst, »bevor er mich eines zweiten Blickes würdigt, wird er sagen, ich sehe aus wie ein Showgirl von Coney Island. Aber was hätte ich tun sollen – oh, was konnte ich tun mit einem Dollar und siebenundachtzig Cent?«

Um sieben Uhr war der Kaffee fertig, und die Bratpfanne stand hinten auf dem Kocher bereit, die Kotelettes aufzunehmen. Jim kam nie zu spät. Della ließ die Uhrkette in ihrer Hand verschwinden und setzte sich auf die Tischkante nahe bei der Tür, durch die er immer hereinkam. Dann vernahm sie seinen Schritt unten auf der Treppe, und für einen Augenblick wurde sie blass. Sie hatte die Angewohnheit, für die einfachsten Alltagsdinge kleine Gebete zu murmeln, und so flüsterte sie auch jetzt: »Lieber Gott, mach, dass er mich immer noch hübsch findet!«

Die Tür ging auf, Jim trat ein und schloss sie hinter sich. Er sah schmal und ernst aus. Armer Kerl, erst zweiundzwanzig und schon mit einer Familie beladen! Er brauchte einen neuen Mantel und hatte auch keine Handschuhe.

Jim blieb an der Türe stehen, regungslos wie ein Jagdhund, der eine Wachtel wittert. Seine Augen waren auf Della gerichtet und hatten einen Ausdruck, den sie nicht zu deuten vermochte und der sie erschreckte.

Es war weder Zorn noch Verwunderung, weder Missbilligung noch Entsetzen, überhaupt keines der Gefühle, auf die sie gefasst war. Er starrte sie ganz einfach an mit diesem sonderbaren Gesichtsausdruck.

Della rutschte langsam vom Tisch und ging auf ihn zu.

»Jim, Liebster«, rief sie, »schau mich nicht so an. Ich habe mein Haar abschneiden lassen und es verkauft, weil ich Weihnachten ohne ein Geschenk für dich nicht überlebt hätte. Es wird nachwachsen – du bist nicht böse, nicht wahr? Und meine Haare wachsen unheimlich schnell. Sag ›Fröhliche Weihnachten‹, Jim, und lass uns glücklich sein. Du weißt ja gar nicht, was für ein schönes, wunderschönes Geschenk ich für dich habe.«

»Du hast dein Haar abgeschnitten?«, fragte Jim mühsam, als wäre er nicht in der Lage, diese Tatsache zu begreifen.

»Abgeschnitten und verkauft«, sagte Della. »Hast du mich trotzdem noch genauso lieb? Ich bin doch auch ohne das Haar noch dieselbe, nicht wahr?« Jim blickte suchend im Zimmer umher.

»Du sagst, dein Haar ist fort?«, sagte er mit einem beinahe idiotischen Gesichtsausdruck.

»Du brauchst nicht danach zu suchen«, sagte Della. »Verkauft ist es, sag ich dir, verkauft und fort. Es ist Heiliger Abend, Junge. Sei lieb zu mir, ich habe es für dich getan. Mag sein«, fuhr sie mit einer feierlichen Zärtlichkeit fort, »dass die Haare auf meinem Kopf gezählt waren, aber niemand könnte je meine Liebe zu dir zählen. Soll ich jetzt die Kotelettes aufsetzen, Jim?«

Jim schien plötzlich aus seiner Starrheit zu erwachen. Er nahm Della in die Arme. Wir wollen daher einige Sekunden einen diskreten Forscherblick an eine an und für sich unwichtige Sache wenden. Acht Dollar in der Woche oder eine Million im Jahr – was ist der Unterschied? Von einem Mathematiker oder dem gesunden Menschenverstand würden wir eine falsche Antwort erhalten. Die drei Weisen aus dem Morgenlande brachten kostbare Geschenke, aber solches war nicht darunter. Diese dunkle Andeutung wird sich später aufklären.

Jim zog ein Päckchen aus der Manteltasche und warf es auf den Tisch.

»Täusche dich nicht in mir, Dell«, sagte er. »Du darfst nicht glauben, dass Haareschneiden, Kürzen oder Waschen mich dazu bringen könnte, mein Mädchen weniger zu lieben. Aber wenn du dieses Päckchen aufmachst, wirst du sehen, warum du mich außer Fassung gebracht hast.«

Weiße Finger nestelten eifrig an Schnur und Papier. Und dann ein entzückter Freudenschrei; und dann – ach – ein schneller weiblicher Wechsel zu Tränen und Klagen, was den Herrn des Hauses augenblicklich in die Lage versetzte, mit ganzer Kraft Trost spenden zu müssen.

Denn da lagen sie, die Kämme – die Garnitur von Kämmen, seitlich und hinten einzustecken, die Della schon lange in einem Schaufenster am

Broadway bewundert hatte. Herrliche Kämme, aus echtem Schildpatt, mit juwelenverzierten Rändern – gerade in der Farbe, die zu dem schönen, verschwundenen Haar gepasst hätte. Es waren teure Kämme, das wusste sie, und ihr Herz hatte sie sehnsüchtig begehrt, ohne dass sie hoffen durfte, sie je zu besitzen. Und jetzt gehörten sie ihr, aber die Flechten, die der ersehnte Schmuck hätte zieren sollen, waren fort.

Doch sie drückte sie an ihre Brust und konnte endlich aus verweinten Augen aufblicken und lächelnd sagen: »Meine Haare wachsen doch so schnell, Jim.«

Und dann sprang Della wie ein angesengtes Kätzchen in die Höhe und rief: »Oh, oh!« Jim hatte sein schönes Geschenk noch gar nicht gesehen! Sie hielt es ihm auf der geöffneten Hand entgegen. Das matte, kostbare Metall schien den Glanz ihrer Freude und ihres Eifers widerzuspiegeln.

»Ist sie nicht ein Prachtstück, Jim? Ich habe die ganze Stadt abgejagt, bis ich sie gefunden habe. Jetzt kannst du hundertmal am Tag nach der Zeit sehen. Gib mir deine Uhr. Ich möchte sehen, wie sie sich an der Kette macht.«

Doch statt dem Wunsch nachzukommen, ließ Jim sich auf die Couch fallen, faltete die Hände hinter dem Kopf und lächelte.

»Dell«, sagte er, »wir wollen unsere Weihnachtsgeschenke beiseitelegen und eine Weile aufheben. Sie sind zu schön, um sie gleich in Gebrauch zu nehmen. Ich habe die Uhr verkauft, um das Geld für deine Kämme zu bekommen. Wie wär's, wenn du jetzt die Kotelettes aufs Feuer stellst?«

Die Heiligen Drei Könige waren, wie Sie wissen, weise Männer, wunderbar weise Männer, die dem Kind in der Krippe Geschenke brachten. Den Brauch, Weihnachtsgeschenke zu machen, haben sie erfunden. Da sie weise waren, waren natürlich auch ihre Geschenke weise und konnten sogar, falls sie sich doppelten, umgetauscht werden. Und da erzähle ich Ihnen nun unbefangen die recht ereignislose Geschichte von zwei törichten Kindern in einer Wohnung, die ganz unweise einander die größten Schätze ihres Hauses geopfert haben. Doch mit dem letzten Wort sei den Weisen unserer Tage gesagt, dass von allen Schenkenden diese beiden die weisesten waren.

Aus dem Amerikanischen von Franziska Kleiner

WEIHNACHTSDESSERTS
WINTER-PARFAIT

Zutaten:

100 g Tiefkühl-
  Himbeeren
70 g Cantuccini
2 Eier
200 g Schlagsahne
1 Vanilleschote
100 g Zucker
100 g Crème fraîche

1. Die Cantuccini krümeln, am besten mit dem Fleischklopfer unter einem Küchentuch.
2. Himbeeren mit der Hälfte des Zuckers pürieren.
3. Eier trennen. Das Eiweiß steif schlagen.
4. Die Sahne steif schlagen.
5. Mark aus der Vanilleschote kratzen, zum Eigelb geben und mit dem restlichen Zucker schaumig rühren.
6. Crème fraîche, zerbröselte Cantuccini, steife Sahne und Eischnee unter die Masse heben (helle Masse).
7. Ein Drittel der Masse abnehmen und mit den pürierten Himbeeren verrühren (dunkle Masse).
8. Eine Kastenbackform mit Folie auslegen, erst die helle Masse, dann die dunkle Masse hineingeben, Folie drüberschlagen und für 12 Stunden ins Gefrierfach.
9. In zwei bis drei Zentimeter dicke Scheiben schneiden und servieren.

WEIHNACHTLICHER NACHTISCH

Zutaten:

75 g Rosinen
1 EL Rum
100 g gemahlener Mohn
400 ml Milch
100 g Honig
1 Päckchen Vanillezucker
3 EL gehackte Mandeln
1 EL Mandelblättchen
75 g Schlagsahne

1. Die Rosinen waschen, abtropfen lassen, mit dem Rum vermischen und ziehen lassen.
2. Den Mohn mit der Milch aufkochen und etwa 20 Minuten unter mehrfachem Umrühren köcheln lassen.
3. Dann den Honig, den Vanillezucker, die gut durchgezogenen Rosinen und die gehackten Mandeln einrühren. Auskühlen lassen.
4. Mandelblättchen ohne Fett goldbraun rösten und abkühlen lassen.
5. Sahne steif schlagen und in die Mohnmasse einrühren.
6. Die Masse in 4 passende Gläser füllen und mit den Mandelblättchen garnieren.

WEIHNACHTSPUDDING

Zutaten:

6 Eier
70 g Zucker
70 g Rosinen
120 g Butter
70 g Weinbeeren
280 g Mehl
abgeriebene Schale einer
   halben Zitrone

1. Die Eier mit dem Zucker schaumig schlagen.
2. Rosinen, Weinbeeren, 70 g Butter, die Zitronenschale und das Mehl dazu rühren.
3. Die restliche Butter zerlassen und ebenfalls einkneten.
4. Eine glatte Form fetten, Masse hineingeben und eine dreiviertel Stunde im Wasserbad kochen.

MATHIAS WEDEL
DANKE!

Um die Dankbarkeit der ostdeutschen Teilbevölkerung ist es immer noch schlecht bestellt. Ostler können einfach nicht Danke sagen. Besonders meine Tochter kann das nicht.

Vorige Weihnachten sagte sie zu ihrer Oma, die betont langsam das Geschenkpapier zusammenfaltete (für die nächsten Weihnachten): »Oma, du bist ja immer noch da.«

»Ja«, sagte ich sehr akzentuiert, »deine liebe, alte Oma wartet noch auf ein liebes, altes, kleines Wörtchen.«

Jetzt überlegte das beinahe erwachsene Kind, um welches liebe, alte und kleine Wörtchen es sich wohl handeln möge. Dann kam es drauf: »Wieso, muss man jetzt schon bitte sagen, damit sie wieder geht?«

Oma war den Tränen nahe. Eine mit den Tränen kämpfende Oma – so was muss ja bei der nächsten Generation Aggressionen freisetzen.

»Ja doch. Ich habe mich ja über das ganze Zeug gefreut, ehrlich«, brüllte das Kind.

Omas Antlitz hellte sich auf – gleich würde es fallen, das Wörtchen, das Herzen erwärmt!

»Aber«, setzte das Mädchen hinzu – und in diesem Moment hätte ich meiner Tochter ins Wort fallen müssen, doch ich war nicht schnell genug, ich habe versagt – »in jeder Minute verhungern auf der Welt dreißig Kinder. Und was machst du, Oma? Du schleppst hier diesen ganzen muffigen Wohlstandsmüll an – das ist ja zum Kotzen!«

Zum Kotzen – wer sie kennt, weiß, die meint es nicht so. Sie meint es sogar ganz und gar andersrum. Zum Kotzen – das ist eben ihre Art, danke zu sagen.

Man muss sich auch mal in die komplizierte Psyche so eines jungen Menschen hineinversetzen. Die Wissenschaft hat festgestellt, dass Jugendliche ihre Zuneigung zumeist in Form verbaler Handkantenschläge ausdrücken. Oder nonverbal. Geschlagen hat das Kind seine Oma am Heiligabend aber nicht. Das muss man ihr zugutehalten. Doch sie riss die eben bescherte reizende Handtasche vom Gabentisch und schrie ihre lang aufgestaute Wut über den globalen Nord-Süd-Konflikt in den Heiligen Abend hinaus: »Made in Taiwan! Oma, schämst du dich nicht – erst habt ihr diese Menschen zu Sklaven eurer Herrenrasse gemacht …« Oma klappte den Mund auf, als wollte sie etwas erwidern. Vielleicht wollte sie sagen, dass sie nur für acht Wochen beim BDM gewesen sei und schon deshalb zum Zweiten Weltkrieg keinen strategischen Beitrag hatte leisten können. Aber das hätte ihr auch nichts genützt. »… und jetzt versklavt ihr diese herrlichen Menschen, indem ihr sie zur Billigproduktion eurer Weihnachtsscheiße presst!«

Ich eilte in die Küche, um für Oma einen Schnaps zu holen. Ein böses Schweigen klang aus dem Wohnzimmer herüber. Dann rief Oma: »Komm rein und versteck dich nicht in der Küche. Ich will, dass du als Vater hörst, was ich deiner Tochter zu sagen habe!«

Zitternd begab ich mich wieder in den Lichtkreis des Gabentisches. Oma würde mir jetzt vormachen, was gegen Undankbarkeit zu tun ist. Vielleicht würde sie sagen, dass sie zur ersten Nachkriegsweihnacht schon über ein Kopftuch glücklich war, das aus den Fußlappen eines Stalingradsoldaten gebunden war. Das sagte Oma dann doch nicht. Oma sagte: »Weihnachtsscheiße – na, gut. Aber Billigproduktion? Billig nennst du diese Handtasche? Kindchen, das ist Rindsleder!«

»Rindsleder?«, jaulte meine Tochter und warf sich auf den Boden. »Ein unschuldiges Tier musste sein Leben lassen, bluten und leiden, damit du mir diese nuttige Tasche an den Hals schmeißen kannst! Ich fasse es nicht!«

Das war vorauszusehen. Erst die verhungerten Kinder, dann die geopferten Rinder – so ist es immer, wenn meine Tochter danke sagen soll.

Kürzlich hatte sie Geburtstag. Ich habe ihr 50 Euro geschenkt. Der Einfachheit halber habe ich die Summe gleich an die militanten Tierschützer überwiesen.

»Na, schönen Dank auch!«, sagte das Mädel.

Na bitte, was will man mehr?

FRIEDRICH WOLF
DIE WEIHNACHTSGANS AUGUSTE

Der Opernsänger Luitpold Löwenhaupt hatte bereits im November vorsorglich eine fünf Kilo schwere Gans gekauft, eine Weihnachtsgans. Dieser respektable Vogel sollte den Festtisch verschönen. Gewiss, es waren schwere Zeiten. »Aber etwas muss man doch fürs Herze tun!«

Bei diesem Satz, den Löwenhaupt mit seiner tiefen Bassstimme mehrmals vor sich hin sprach, so dass es wie ein Donnerrollen sich anhörte, mit diesem Satz meinte der Sänger im Grunde etwas anderes. Während er mit seinen kräftigen Händen die Gans an sich drückte, verspürte er zugleich den Geruch von Rotkraut und Äpfeln in der Nase. Und immer wieder murmelte sein schwerer Bass den Satz durch den nebligen Novembertag: »Aber etwas muss man doch fürs Herze tun.«

Ein Hausvater, der eigenmächtig etwas für den Haushalt eingekauft hat, verliert, sobald er seiner Wohnung sich nähert, mehr und mehr den Mut. Er ist zu Hause schutzlos den Vorwürfen und dem Hohn seiner Hausgenossen preisgegeben, da er bestimmt unrichtig und zu teuer eingekauft hat. Doch in diesem Falle erntete Vater Löwenhaupt überraschend hohes Lob. Mutter Löwenhaupt fand die Gans fett, gewichtig und preiswert. Das Hausmädchen Theres lobte das schöne weiße Gefieder; sie stellte die Frage, wo das Tier bis Weihnachten sich aufhalten solle?

Die zwölfjährige Elli, die zehnjährige Gerda und das kleine Peterle – Löwenhaupts Kinder – sahen aber hier überhaupt kein Problem, da es ja noch das Bad und das Kinderzimmer gäbe und das Gänschen unbedingt Wasser brauche, sich zu reinigen. Die Eltern entschieden jedoch, dass die neue Hausgenossin im Allgemeinen in einer Kiste in dem kleinen warmen Kartoffelkeller ihr Quartier beziehen solle und dass die Kinder sie bei Tage eine Stunde lang draußen im Garten hüten dürften.

So war das Glück allgemein.

Anfangs befolgten die Kinder genau diese Anordnung der Eltern. Eines Abends aber begann das sieben-jährige Peterle in seinem Bettchen zu klagen, dass »Gustje« (das ist die Kurzform von Auguste: Gustchen) – man hatte die Gans aus einem nicht erfindbaren Grunde Auguste genannt – bestimmt unten im Keller friere. Seine Schwester Elli, der man im Schlafzimmer die Aufsicht über die bei-den jüngeren Geschwister übertragen hatte, suchte das Brüderchen zu beruhigen, dass Auguste ja ein dickes Daunengefieder habe, das sie aufplustern könne wie eine Decke.

»Warum plustert sie es auf?«, fragte das Peterle.

»Ich sagte doch, dass es dann wie eine Decke ist.«

»Warum braucht Gustje denn eine De-cke?«

»Mein Gott, weil sie dann nicht friert, du Dummerjan!«

»Also ist es doch kalt im Keller!«, sagte jetzt Gerda.

»Es ist kalt im Keller!«, echote Peterle und begann gleich zu heulen. »Gustje friert! Ich will nicht, dass Gustje friert. Ich hole Gustje herauf zu mir!«

Damit war er schon aus dem Bett und tapste zur Tür. Die große Schwester Elli fing ihn ab und suchte ihn wieder ins Bett zu tragen. Aber die jüngere Gerda kam Peterle zu Hilfe. Peterle heulte: »Ich will zu Gustje!« Elli schimpfte. Gerda entriss ihr den kleinen Bruder. Mitten in dem Tumult erschien die Mutter. Peterle wurde im

Elternzimmer in das Bett der Mutter gelegt und den Schwestern sofortige
Ruhe anbefohlen.

Diese Nacht ging ohne Zwischenfall zu Ende.

Doch am übernächsten Tage hatten sich Gerda und Peter, der wieder im
Kinderzimmer schlief, verständigt. Abwechselnd blieb immer einer der
beiden wach und weckte den andern. Als nun die ältere Schwester Elli
schlief und alles im Haus stille schien, schlichen die zwei auf nackten
Zehenspitzen in den Keller, holten die Gans Auguste aus ihrer Kiste, in
der sie auf Lappen und Sägespänen lag, und trugen sie leise hinauf in ihr
Zimmer. Bisher war Auguste recht verschlafen gewesen und hatte bloß
etwas geschnattert wie: »Lat mi in Ruh, lat mi in Ruh!«

Aber plötzlich fing sie laut an zu schreien: »Ick will in min Truh, ick
will in min Truh!«

Schon gingen überall die Türen auf.

Die Mutter kam hervorgestürzt, Theres, das Hausmädchen, rannte
von ihrer Kammer her die Stiegen hinunter. Auch die zwölfjährige Elli
war aufgewacht, aus ihrem Bett gesprungen und schaute durch den Tür-
spalt. Die kleine Gerda aber hatte in ihrem Schreck die Gans losgelassen,
und jetzt flatterte und schnatterte Auguste im Treppenhaus umher. (Ein

Glück, dass der Vater noch nicht zu Hause war!) Bei der nun einsetzenden Jagd durch das Treppenhaus und die Korridore verlor Auguste, bis man sie eingefangen hatte, eine Anzahl Federn. Die atemlose Theres schlug sie in eine Decke, woraus sie nunmehr ununterbrochen schimpfte: »Lat mi in Ruh, lat mi in Ruh. Ick will in min Truh!«

Und da begann auch noch das Peterle zu heulen: »Ich will Gustje haben! Gustje soll mit mir schlafen!«

Die Mutter, die ihn ins Bett legte, suchte ihm zu erklären, dass die Gans jetzt wieder in ihre Kiste in den Keller müsse.

»Warum muss sie in den Keller?«, fragte Peterle.

»Weil eine Gans nicht im Bett schlafen kann.«

»Warum kann denn Gustje nicht im Bett schlafen?«

»Im Bett schlafen nur Menschen; und jetzt sei still und mach die Augen zu!«

Die Mutter war schon an der Tür, da heulte Peterle wieder los: »Warum schlafen nur Menschen im Bett? Gustje friert unten; Gustje soll oben schlafen.«

Als die Mutter sah, wie aufgeregt Peterle war und dass man ihn nicht beruhigen konnte, erlaubte sie, dass man die Kiste aus dem Keller heraufholte und neben Peterles Bett stellte: Und siehe da, während Auguste droben in der Kiste noch vor sich hin schnatterte: »Lat man gut sin, lat man gut sin, Hauptsach, dat ick in min Truh bin!«, schliefen Peterle und seine Geschwister ein.

Natürlich konnte man jetzt Auguste nicht wieder in den Keller bringen, zumal die Nächte immer kälter wurden, weil es schon mächtig auf Weihnachten zuging. Auch benahm sich die Gans außerordentlich manierlich. Bei Tag ging sie mit Peter spazieren und hielt sich getreulich an seiner Seite wie ein guter Kamerad, wobei sie ihren Kopf stolz hoch trug und ihren kleinen Freund mit ihrem Geplapper aufs Beste unterhielt. Sie erzählte dem Peterle, wie man die verschiedenen schmackhaften oder bitteren Gräser und Kräuter unterscheiden könne, wie ihre Geschwister – die Wildgänse – im Herbst nach Süden in wärmere Länder zögen und wie umgekehrt die Schneegänse sich am wohlsten in Eisgegenden fühlten. So viel konnte Auguste dem Peterle erzählen, und auf all sein »Warum« und »Weshalb« antwortete sie gern und geduldig. Auch die anderen Kinder gewöhnten sich immer mehr an Auguste. Peterle aber liebte seine Gustje so, dass beide schier unzertrennlich wurden. So kam es, dass eines Abends, als Peterle vom Bett aus noch ein paar Fragen an Gustje richtete, diese zu ihrem Freund einfach ins Bett schlüpfte, um sich leiser und ungestörter mit ihm unterhalten zu können. Elli und Gerda gönnten dem Brüderchen die Freude.

Am frühen Morgen aber, als die Kinder noch schliefen, hopste Auguste wieder in ihre Kiste am Boden, steckte ihren Kopf unter die weißen Flügel und tat, als sei nichts geschehen.

Doch das Weihnachtsfest rückte näher und näher. Eines Mittags meinte der Sänger Löwenhaupt plötzlich zu seiner Frau, dass es mit Auguste nun »so weit wäre«. Mutter Löwenhaupt machte ihrem Mann erschrocken ein Zeichen, in Gegenwart der Kinder zu schweigen.

Nach Tisch, als der Sänger Luitpold Löwenhaupt mit seiner Frau allein war, fragte er sie, was das seltsame Gebaren zu bedeuten habe? Und nun erzählte Mutter Löwenhaupt, wie sehr sich die Kinder – vor allem Peterle – an Auguste, die Gans, gewöhnt hätten und dass es ganz unmöglich sei …

»Was ist unmöglich?«, fragte Vater Löwenhaupt. Die Mutter schwieg und sah ihn nur an.

»Ach so!«, grollte Vater Löwenhaupt. »Ihr glaubt, ich habe die Gans als Spielzeug für die Kinder gekauft? Ein nettes Spielzeug! Und ich? Was wird aus mir?«

»Aber Luitpold, verstehe doch!«, suchte die Mutter ihn zu beschwichtigen.

»Natürlich, ich verstehe ja schon!«, zürnte der Vater. »Ich muss wie stets hintenanstehn!« Und als habe diese furchtbare Feststellung seine sämtlichen Energien entfesselt, donnerte er jetzt los: »Die Gans kommt auf den Weihnachtstisch mit Rotkraut und gedünsteten Äpfeln! Dazu wurde sie gekauft! Und basta!«

Eine Tür knallte zu.

Die Mutter wusste, dass in diesem Stadium mit einem Mann und dazu noch mit einem Opernsänger nichts anzufangen war. Sie setzte sich in ihr Zimmer über ihre Näharbeit und vergoss ein paar Tränen. Dann beriet sie mit ihrer Hausgehilfin Theres, was zu tun sei, da bis Weihnachten nur noch eine Woche war. Sollte man eine andere, schon gerupfte und ausgenommene Gans kaufen? Doch dazu reichte das Haushaltungsgeld nicht.

148

Aber was würde man, wenn die Gans Auguste nicht mehr da wäre, den Kindern sagen? Durfte man sie überhaupt belügen? Und wer im Haus würde es fertigbringen, Auguste ins Jenseits zu senden?

»Soll es der Herr selbst tun!«, schlug Theres vor. Die Mutter fand diesen Rat nicht schlecht, zumal ihr Mann zu der Gans nur geringe persönliche Beziehungen hatte.

Als nun der Sänger Luitpold Löwenhaupt abends aus der Oper heimkam, wo er eine Heldenpartie gesungen hatte, und die Mutter ihm jenen Vorschlag machte, erwiderte er: »Oh, ihr Weibervolk! Wo ist der Vogel?«

Theres sollte leise die Gans herunterholen. Natürlich wachte Auguste auf und schrie so fort aus vollem Halse: »... Ick will min Ruh, min Ruh, lat mi in min Truh!«

Peterle und die Schwestern erwachten, es gab einen Höllenspektakel. Die Mutter weinte, Theres ließ die Gans flattern; diese segelte hinunter in den Hausflur. Vater Löwenhaupt, der jetzt zeigen wollte, was ein echter Mann und Hausherr ist, rannte hinter Auguste her, trieb sie in die Ecke, griff mutig zu und holte aus der Küche einen Gegenstand. Während die Mutter die Kinder oben im Schlafzimmer hielt, ging der Vater mit der Gans in die entfernteste, dunkelste Gartenecke, um sein Werk zu vollbringen. Die Gans Auguste aber schrie Zeter und Mordio, indessen die Mutter und Theres lauschten, wann sie endgültig verstummen werde. Aber Auguste verstummte nicht, sondern schimpfte auch im Garten immerzu. Schließlich trat Stille ein. Der Mutter liefen die Tränen über die Wangen, und auch Peterle jammerte: »Wo ist meine Gustje? Wo ist Gustje?«

Jetzt knarrte drunten die Haustür. Die Mutter eilte hinunter. Vater Löwenhaupt stand mit schweißbedecktem Gesicht und wirrem Haar da ... doch ohne Auguste.

»Wo ist sie?«, fragte die Mutter.

Draußen im Garten hörte man jetzt wieder schnatterndes Schimpfen: »Ick will min Ruh, ick will min Ruh! Lat mi in min Truh!«

»Ich habe es nicht vermocht. Oh, dieser Schwanengesang!«, erklärte Vater Löwenhaupt.

Man brachte also die unbeschädigte Auguste wieder hinauf zu Peterle, das ganz glücklich seine »Gustje« zu sich nahm und, sie streichelnd, einschlief.

Inzwischen brütete Vater Löwenhaupt, wie er dennoch seinen Willen durchsetzen könne, wenn auch auf möglichst schmerzlose Art. Er dachte und dachte nach, während er sich in bläulich graue Wolken dichten Zigarrenrauches hüllte. Plötzlich kam ihm die Erleuchtung. Am nächsten Tag mischte er der Gans Auguste in ihren Kartoffelbrei zehn aufgelöste Tabletten Veronal, eine Dosis, die ausreicht, einen erwachsenen Menschen in einen tödlichen Schlaf zu versetzen. Damit musste sich auch die Mutter einverstanden erklären.

Tatsächlich begann am folgenden Nachmittag die Gans Auguste nach ihrer Mahlzeit seltsam umherzutorkeln, wie eine Traumtänzerin von einem Bein auf das andere zu treten, mit den Flügeln dazu zu fächeln und schließlich nach einigen langsamen Kreiselbewegungen sich mitten auf dem Küchenboden hinzulegen und zu schlafen. Vergebens versuchten die Kinder sie zu wecken. Auguste bewegte etwas die Flügel und rührte sich nicht mehr.

»Was tut Gustje?«, fragte Peterle.

»Sie hält ihren Winterschlaf«, erklärte ihm der Vater Löwenhaupt und wollte sich aus dem Staube machen. Aber Peterle hielt ihn fest. »Weshalb hält Gustje jetzt den Winterschlaf?«

»Sie muss sich ausruhen für den Frühling.« Doch Vater Löwenhaupt war es nicht wohl bei dem Examen. Er konnte seinem Söhnchen Peterle nicht in die Augen sehen. Auch die Mutter und das Hausmädchen Theres gingen den Kindern aus dem Wege.

Peterle trug seine bewegungslose Freundin Gustje zu sich hinauf in die kleine Kiste. Als die Kinder nun schliefen, holte Theres die Gans hinunter und begann sie – da Vater Löwenhaupt versicherte, die zehn Veronaltabletten würden einen Schwergewichtsboxer unweigerlich ins Jenseits befördert haben – Theres begann, wobei ihr die Tränen über die Wangen rollten, die Gans zu rupfen und sie dann in die Speisekammer zu legen. Als Vater Löwenhaupt seiner Frau »Gute Nacht« sagen wollte, stellte sie sich schlafend und antwortete nicht. Bei Nacht wachte er auf, weil er neben sich ein leises Schluchzen vernahm. Auch Theres schlief nicht; sie überlegte, was man den Kindern sagen werde. Zudem wusste sie nicht, hatte sie im Traum Auguste schnattern gehört:

»Lat mi in Ruh, lat mi in Ruh! Ick will in min Truh!«

So kam der Morgen. Theres war als Erste in der Küche. Draußen fiel in dicken Flocken der Schnee. Was war das? Träumte sie noch?

Aus der Speisekammer drang ein deutliches Geschnatter. Unmöglich! Wie Theres die Kammer öffnete, tapste ihr schnatternd und schimpfend die gerupfte Auguste entgegen. Theres stieß einen Schrei aus; ihr zitterten die Knie. Auguste aber schimpfte: »Ick frier, als ob ick keen Federn nich hätt, man trag mich gleich wieder in Peterles Bett!«

Jetzt waren auch die Mutter und Vater Löwenhaupt erschienen. Der Vater bedeckte mit seinen Händen die Augen, als stünde da ein Gespenst.

Die Mutter aber sagte zu ihm: »Was nun?«

»Einen Kognak! Einen starken Kaffee!«, stöhnte der Vater und sank auf einen Stuhl.

»Jetzt werde ich die Sache in die Hand nehmen!«, erklärte die Mutter energisch. Sie ordnete an, dass Theres den Wäschekorb bringe und eine Wolldecke. Dann umhüllte sie die nackte frierende Gans mit der Decke, legte sie in den Korb und tat noch zwei Krüge mit heißem Wasser an beide Seiten.

Vater Löwenhaupt, der inzwischen zwei Kognaks hinuntergekippt hatte, erhob sich leise vom Stuhl, um aus der Küche zu verschwinden.

Doch die Mutter hielt ihn fest; sie befahl: »Gehe sofort in die Breite Straße und kaufe fünfhundert Gramm gute weiße Wolle!«

»Wieso Wolle?«

»Geh, und frag nicht!«

Vater Löwenhaupt war noch so erschüttert, dass er nicht widersprach, seinen Hut und Überzieher nahm und eiligst das Haus verließ.

Schon nach einer Stunde saßen die Mutter und Theres im Wohnzimmer und begannen für Auguste aus weißer Wolle einen Pullover zu stricken. Am Nachmittag nach Schulschluss halfen ihnen die Töchter Elli und Gerda. Peterle aber durfte seine Gustje auf dem Schoß halten und ihr immer den neuen entstehenden Pullover, in dem für die Flügel, den Hals, die Beine und den kleinen Sterz Öffnungen bleiben mussten, anprobieren helfen. Bereits am Abend war das Kunstwerk beendet.

Schnatternd und schimpfend, aber doch nicht mehr frierend, stolzierte Auguste nun in ihrem wunderschönen weißen Wollkleid durchs Zimmer. Peterle sprang um sie herum und freute sich, dass Gustjes Winterschlaf so schnell zu Ende war, dass er wieder mit ihr spielen und sich unterhalten konnte.

Auguste aber schimpfte: »Winterschlaf ist schnacke-schnick; hätt ick min Federn bloß zurück!«

Als Vater Löwenhaupt zum Abendessen kam und Auguste in ihrem schicken Pullover mit Rollkragen um den langen Gänsehals da hertapsen sah, meinte er: »Sie ist schöner als je! So ein Exemplar gibt es auf der ganzen Welt nicht mehr!«

Die Mutter aber erwiderte hierauf nichts, sondern sah ihn bloß an.

Natürlich musste man für Auguste noch einen zweiten Pullover stricken, diesmal einen grau-blauen, zum Wechseln, wenn der weiße gewaschen wurde. Natürlich nahm Auguste als wesentliches Mitglied der Familie groß am Weihnachtsfest teil. Natürlich war Auguste auch das am meisten bewunderte Lebewesen des ganzen Stadtteils, wenn Peterle mit der Weihnachtsgans in ihrem schmucken Sweater spazieren ging.

Und als der Frühling kam, war der Auguste bereits wieder ein warmer

Federflaum gewachsen. So konnte man den Pullover mit den anderen Wintersachen einmotten. Gustje aber durfte jetzt sogar beim Mittagstisch auf dem Schoß von Peterle sitzen, wo sie ihr kleiner Freund mit Kartoffelstückchen fütterte.

Sie war der Liebling der ganzen Familie. Und der Vater Löwenhaupt bemerkte immer wieder stolz: »Na, wer hat euch denn Auguste mitgebracht? Wer?«

Die Mutter sah ihn an und lächelte. Peterle jedoch echote: »Ja, wer hat Gustje uns mitgebracht?«; dann hob er seine Gustje empor und ließ sie dem Vater »einen Kuss« geben, was bedeutete, dass Auguste den Vater Löwenhaupt schnatternd mit ihrem Schnabel in die Nase zwickte.

Spätabends im Bett aber fragte Peterle seine Gustje, indem er sie fest an sich drückte: »Warum hast du denn vor Weihnachten den Winterschlaf gehalten?«

Und Gustje antwortete schläfrig: »Weil man mir die Federn rupfen wollte.«

»Und warum wollte man dir die Federn rupfen?«

»Weil man mir dann einen Pullover stricken konnte«, gähnte Gustje, halb schon im Schlaf.

»Und warum wollte man dir denn einen Pullover …«

Aber da geht es auch bei Peterle nicht mehr weiter. Mit seiner Gustje im Arm ist er glücklich eingeschlafen.

JOSEPH VON EICHENDORFF
WEIHNACHTEN

Markt und Straßen stehn verlassen,
Still erleuchtet jedes Haus,
Sinnend geh ich durch die Gassen,
Alles sieht so festlich aus.

An den Fenstern haben Frauen
Buntes Spielzeug fromm geschmückt,
Tausend Kindlein stehn und schauen,
Sind so wunderstill beglückt.

Und ich wandre aus den Mauern
Bis hinaus ins freie Feld,
Hehres Glänzen, heil'ges Schauern!
Wie so weit und still die Welt!

Sterne hoch die Kreise schlingen,
Aus des Schnees Einsamkeit
Steigt's wie wunderbares Singen –
O du gnadenreiche Zeit!

HEINRICH HEINE
DIE HEIL'GEN DREI KÖNIGE

Die Heil'gen Drei Könige aus Morgenland,
Sie frugen in jedem Städtchen:
»Wo geht der Weg nach Bethlehem,
Ihr lieben Buben und Mädchen?«

Die Jungen und Alten, sie wussten es nicht,
Die Könige zogen weiter;
Sie folgten einem goldenen Stern,
Der leuchtete lieblich und heiter.

Der Stern blieb stehn über Josephs Haus,
Da sind sie hineingegangen;
Das Öchslein brüllte, das Kindlein schrie,
Die Heil'gen Drei Könige sangen.

WEIHNACHTSSPEZIALITÄTEN
HALLENSER WEIHNACHTSSUPPE

Zutaten:

1 Flasche trockener
   Rotwein
Zucker nach Geschmack
1 Prise Zimt
1 Prise Kardamom
2 Gewürznelken
1 TL abgeriebene
   Zitronenschale
1 EL feingeschnittenes
   Zitronat
2 EL Sultaninen
2 EL Stärkemehl
3 bis 4 Pfeffer- oder
   Honigkuchen
8 EL süße Sahne

1. Den Rotwein mit ⅛ l Wasser, den Gewürzen, dem Zitronat und den Sultaninen zum Kochen bringen.
2. Das in wenig kaltem Wasser verquirlte Stärkemehl einrühren, kurz aufkochen lassen.
3. Kleine Pfefferkuchenstücke auf vorgewärmten Tellern verteilen, die Suppe darübergießen und in die Mitte je 2 Esslöffel ungeschlagene Sahne geben.

FINNISCHER WEIHNACHTSSCHINKEN JOULUKINKKU

Zutaten:

*1 Schinken mit Schwarte
(3 kg oder mehr)
für die Pökellauge: Salz
und Zucker
1 ½ Tassen Senf
1 Tasse Semmelbrösel
½ Tasse brauner Zucker
15 ganze Nelken*

1. Den Schinken 4 bis 5 Tage in einer Pökellauge aus $\frac{4}{5}$ Salz und $\frac{1}{5}$ Zucker einlegen.
2. Vor dem Braten abtrocknen und die Schwarte in Rauten einschneiden.
4. Backofen auf 125 Grad vorheizen, Schinken auf ein Rost mit der Schwarte nach oben legen und auf unterster Schiene in den Ofen schieben, darunter ein Blech mit Wasser stellen.
5. Die Garzeit richtet sich nach dem Gewicht des Schinkens. Für jedes Kilo sollte er eine Stunde im Ofen bleiben. Bei Bedarf Wasser im Blech nachgießen.
6. Nach dem Garen die Schwarte entfernen, den Schinken eine halbe Stunde ruhen lassen, dann mit Nelken spicken und mit einer Mischung aus Senf, Zucker und Semmelbröseln bestreichen.
7. Erneut in den Ofen geben und bei 250 Grad so lange backen, bis die Panade goldbraun ist.
8. Mit einem Kartoffel- oder einem Kartoffel-Möhren-Auflauf servieren. Je nach Geschmack dazu mittelscharfen oder süßen Senf reichen.

TSCHECHISCHE WEIHNACHTSSUPPE VOM KARPFEN

Zutaten:

Kopf, Schwanz und
   Innereien von einem
   Karpfen, nach Belieben
   auch ein oder zwei
   Karpfenstücke
1 ½ l Wasser
Salz
40 g Margarine
40 g Mehl
100 g Wurzelwerk
1 EL Essig
Suppengewürze
Schnittlauch
1 Semmel
1 EL Gries
30 g Fett

1. Kiemen und Augen aus dem Kopf entfernen. Den gesäuberten Kopf und Schwanz und die Karpfenstücke in Salzwasser kochen.
2. Wenn der Fisch fast gar ist, durchseihen, vorsichtig die Gräten herauslösen und das Fleisch in kleine Stücke schneiden.
3. Die geputzten Innereien extra kochen, ebenfalls in Stücke schneiden.
4. Aus Margarine und Mehl eine helle Mehlschwitze bereiten, mit der Fischbrühe und etwas Wasser verrühren. Das in Streifen geschnittene Wurzelgemüse zufügen und etwa 20 Minuten kochen lassen.
5. Die Suppe mit Essig, etwas Suppenwürze und feingehacktem Schnittlauch abschmecken.
6. Einen Esslöffel Gries kurz in Fett anrösten und hinzufügen.
7. Zum Schluss das Fischfleisch und die gekochten Innereien zugeben.
8. Die Fischsuppe mit gerösteten Semmelwürfeln reichen.

ENGLISCHER PLUMPUDDING

Zutaten:

250 g Sultaninen
100 g Korinthen
125 g Backpflaumen
1 EL Rum
100 g Orangeat
100 g Zitronat
2 Äpfel
90 g Pflanzenfett
115 g Semmelbrösel
100 g Mehl
65 g brauner Zucker
4 Eier
100 g geriebene
   Haselnüsse
Saft und fein abgeriebene
   Schale einer Zitrone
½ TL gemahlene Nelken
½ TL gemahlener Zimt
1 Prise Muskat
1 Prise Pfeffer
6 EL Rum (54 %) zum
   Flambieren

1. Sultaninen, Korinthen und kleingeschnittene Backpflaumen mit dem Rum in eine Schüssel geben und gut durchziehen lassen.
2. Orangeat, Zitronat und kleingeschnittene Äpfel dazugeben.
3. Das in Flocken geschnittene Pflanzenfett und die übrigen Zutaten daruntermischen. Etwas Fett und Semmelbrösel zum Fetten der Form zurückhalten.
4. Den Teig in eine gefettete und mit Semmelbröseln bestreute, verschließbare Form geben.
5. Den Pudding im Wasserbad 3 bis 4 Stunden kochen lassen.
6. Den fertigen Plumpudding aus dem Wasserbad nehmen und 5 Minuten stehenlassen. Deckel öffnen und den Pudding vorsichtig mit einem Messer vom Rand lösen und stürzen.
7. Zum Flambieren den Rum erwärmen, über den Pudding gießen und anzünden.

ELIN PELIN
DER ESEL VON BETHLEHEM

Hör zu, Bobo!

Zu Bethlehem, in einer Hirtenhöhle, wurde das Kind geboren, das die Menschheit erlösen sollte. Zur selben Stunde wurde der Himmel hell, die Sterne wuchsen, und der hellste erbebte und fiel zu der armseligen Behausung hernieder, wo der Menschenstern erschienen war.

Der Vater, Josef, der in aller Eile hier Zuflucht gesucht hatte, zerriss sein Hemd, da er unter seiner Wäsche nichts anderes fand, machte Windeln daraus, wickelte das Neugeborene ein und legte es in die Krippe, in die die Hirten Stroh für den Esel geschüttet hatten. Seither, Bobo, opfern alle Väter ihr letztes Hemd für ihre Kinder, und manchmal müssen sie ganz ohne Hemd gehen, nur damit ihre Kinder etwas zum Anziehen haben.

Die Schafe lagen hinten in der Höhle, und zwischen ihnen lagen die Hirten, um sich zu wärmen. Als sie die ungewöhnliche Helle erblickten, die auch in die Höhle drang, standen sie erschrocken auf und gingen hinaus, um zu sehen, was geschehen war. Der große Stern stand mit einem strahlenden Schweif wie ein Kinderdrachen am Himmel. Da fielen die Hirten auf die Knie und beteten.

Einer von ihnen aber kam auf den Gedanken, in die nahe Stadt Jerusalem zu laufen, um dort das Wunder zu melden, die Polizei zu Hilfe zu holen und ein gutes Trinkgeld zu ergattern. Doch im Polizeirevier bekam er ordentlich Prügel, weil er die Gendarmen mitten in der Nacht geweckt hatte. Sie beförderten ihn mit Fußtritten hinaus und sagten, er solle sich wegscheren.

Verärgert kehrte er in die Höhle zurück. In seinem Zorn wollte er schon die Fremdlinge hinausjagen, die gekommen waren, um bei ihm zu übernachten, als er aber das kleine Kind sah, das friedlich in der Krippe des Esels schlief, wurde sein Herz weich; er streckte die Hand aus, streichelte

160

das Kind und begab sich wieder in den hinteren Teil der Höhle, wo sein Gefährte zitternd vor Furcht zusammengekauert hockte.

»Ja, du sitzt hier, und mich haben sie geschlagen!«, sagte der Zurückgekehrte.

»Schweig still, beklage dich nicht, Freund!«, erwiderte der andere.

»Weißt du nicht, dass kein einziges großes Ereignis für das Volk eintreten kann, ohne dass irgendein Unschuldiger leidet?«

»Was für ein großes Ereignis ist denn geschehen, dass ich leiden musste?«

»Als du weg warst, kamen Engel, die sangen und verkündeten, dass heute Nacht hier in unserer Höhle der langerwartete König der Juden geboren worden sei.«

Als der verprügelte Hirte das hörte, schlug er seinen Kopf an die kalten Steine und klagte: »Ach, hätte ich das doch früher gewusst! Anstatt mich zu schlagen, hätten sie mich reich belohnt. Warum habe ich das nicht gewusst!«

Und er sprang abermals aus der Höhle und rannte von neuem in die Stadt, um von dem großen Ereignis Kunde zu bringen und doch noch die reiche Belohnung zu bekommen, die er sich in den Kopf gesetzt hatte.

Der andere, der zurückgeblieben war, stand auf und ging leise zu der Krippe, um sich vor dem Kindlein zu verneigen, das dort lag. Als er nähertrat, sah er, dass der an der Krippe gebundene Esel das Stroh unter dem Neugeborenen hervorzog und in Seelenruhe seinen rechtschaffenen Hunger stillte. Da er so des Kindleins Lager zerstörte und durch sein Ziehen auch die hölzerne Krippe zum Wackeln brachte, hob der Hirte, ehe er sich noch verbeugt hatte, seinen Stock und versetzte dem Esel ein paar kräftige Hiebe.

»Warum schlägst du ihn?«, fragte Vater Josef.

»Um ihn zu Verstand zu bringen!«

»Wenn du jemanden belehren willst, musst du klüger sein als er«, sprach Josef. »Er hat Hunger und muss etwas fressen. Was also ist seine Schuld?«

»Verzeiht«, sagte der Hirte, »aber das ist unser letztes Stroh!«

»Wenn dem so ist«, meinte Josef, »dann binde ihn los und gib ihm die Disteln zu fressen, die du am Eingang zum Feuermachen aufgehäuft hast.«

Der Hirte lachte.

»Denkt Ihr denn, er frisst Disteln?«

»Aus Angst vor deinem Zorn und weil er das Stroh nicht kriegt, wird er sie fressen«, sagte Josef.

Der Hirte band den Esel los und führte ihn zu den Disteln. Da das Tier Hunger hatte, fraß es gierig, obwohl die Disteln stachen.

Als der Hirte sah, wie das arme Tier sich quälte, sagte er: »Noch ein Unschuldiger, dem das große Ereignis Leid bringt.«

Seitdem, Bobo, begnügen sich alle Esel mit Disteln, wenn sie Hunger haben.

Während dies geschah, hörte man draußen das Klatschen einer Peitsche, die auf jemandes Rücken fiel. Der Hirte trat vor den Eingang, um zu sehen, was es gebe. Er erblickte seinen Gefährten, der wie ein Lastesel herankeuchte. Auf seinen Schultern saß ein Mann in goldbestickter Kleidung mit einem diamantenbesetzten Turban auf dem Kopf und wichtiger, strenger Miene. Er sprang von seinem Träger herab, rannte in die Höhle und fiel vor dem Neugeborenen auf die Knie.

»Was ist das?«, fragte der zweite Hirte.

»Das ist der Statthalter von Jerusalem. Ihm habe ich die Neuigkeit überbracht«, antwortete der, der den hohen Herrn hergetragen hatte.

»Und wie hat er dich belohnt?«

»Er hinkt auf einem Bein, und er freute sich über die Nachricht, weil er denkt, dass sein Leiden hier vielleicht geheilt wird. Deshalb setzte er sich auf meine Schultern und schlug mich mit der Peitsche, damit ich ihn möglichst schnell herbringe.«

»Ich habe dir ja schon gesagt, Freund, dass bei jedem großen Ereignis manch ein Unschuldiger leidet.«

Als der Hirte, der den hohen Herrn getragen hatte, den Esel vor dem Eingang die Disteln fressen sah, geriet er in Zorn. Er nahm seinen Stock und versetzte dem armen Tier grausame Schläge.

»Elendes Vieh!! Du frisst die Disteln, die ich mir für das Feuer zurückgelegt habe, und ich muss deine Arbeit tun und den Statthalter auf dem Rücken schleppen!«

Der Esel zuckte zusammen, sprang hin und her vor Schmerz und stieß ein schreckliches Gebrüll aus. In diesem Augenblick langten auf Kamelen zahlreiche Würdenträger und hohe Herrn an. Sie begleiteten die drei Könige, die aus dem Morgenland gekommen waren, um dem soeben geborenen Erlöser zu huldigen. Die vorausziehende Wache erreichte den Eingang, hob die Peitschen und verprügelte die beiden Hirten und den Esel, weil sie den Eingang versperrt hatten.

»Gebt den Weg frei, damit wir uns vor dem Erlöser verneigen können!«

Die Hirten machten unter dem Vorwand, den Esel einzufangen, dass sie davonkamen, und die hochweisen Könige aus dem Morgenlande lachten von Herzen über die panische Flucht.

Die Ankömmlinge luden schwere Ballen mit Geschenken ab, begaben sich ins Innere der Höhle und fielen vor dem Erlöser nieder.

Die Geschlagenen und Vertriebenen aber sahen von weitem zu, rieben sich die schmerzenden Glieder und zitterten am ganzen Leibe.

»Wer ist da geboren worden, Freund?«, fragte der Hirte, der den Statthalter gebracht hatte.

»Der Erlöser der Welt.«

»Was für eine Erlösung bringt er uns denn, wenn wir schon am Tag seiner Geburt Prügel beziehen? Sieh dort, die Großen bestechen ihn und behalten den Erlöser für sich.«

»Ja, ja, ja«, bekräftigte mit seinem Gebrüll der Esel, der zur Seite stand und sich bemühte, die von den Stockschlägen geschwollenen Stellen an seinem Körper zu lecken.

Aus dem Bulgarischen von Hartmut Herboth

ALPHONSE DAUDET
DIE DREI STILLEN MESSEN

I.

»Zwei mit Trüffeln gefüllte Truthennen, Garrigou?«

»Ja, Hochwürden, zwei prächtige, mit Trüffeln ausgestopfte Truthennen. Ich weiß darüber Bescheid, da ich beim Füllen geholfen habe. Man hätte meinen können, ihre Haut müsste beim Braten platzen, so sehr war sie gespannt …«

»Jesus, Maria! Ich liebe Trüffel so sehr! Gib mir schnell mein Chorhemd, Garrigou … Und was hast du außer den Truthennen noch in der Küche gesehen?«

»Oh! Viele gute Dinge … Seit dem Mittag haben wir nichts anderes getan, als Fasanen, Wiedehopfen, fette Hühner und Auerhähne gerupft. Die Federn flogen nur so herum … Dann haben wir vom Teich Aale, Goldkarpfen, Forellen geholt und …«

»Wie groß waren die Forellen, Garrigou?«

»So groß, Hochwürden … Prächtige Stücke!«

»O Gott! Mir ist, als ob ich sie sähe … Hast du den Wein in die Messkännchen gefüllt?«

»Ja, Hochwürden; ich habe den Wein in die Messkännchen gegossen. Aber, auf Ehre, er ist lange nicht so gut wie der, den Sie nach der Mette trinken werden. Wenn Sie sähen, wie im Speisesaal des Schlosses die Karaffen in den verschiedensten Farben funkeln, alle gefüllt mit edlen Weinen. Und das Silbergeschirr, die ziselierten Tafelaufsätze, die Blumen, die Armleuchter! … Niemals hat man eine ähnliche Festtafel zu Gesicht bekommen. Der Herr Marquis hat alle adeligen Herren aus der Nachbarschaft eingeladen. Sie werden mindestens vierzig Personen bei Tische sein, ohne den Verwalter und den Notar … Ach! Sie haben es gut, dass Sie dabei sein können, Hochwürden! … Ich habe diese schönen Truthennen nur riechen dürfen, und nun verfolgt der Duft der Trüffel mich überallhin … Hm!«

»Nun, nun, mein Sohn. Hüten wir uns vor der Sünde der Gaumenlust, besonders in der heiligen Nacht … Geh schnell, zünde die Kerzen an und gib das Glockenzeichen zur Messe, denn Mitternacht ist nahe, und wir dürfen nicht zu spät anfangen.«

Dieses Zwiegespräch fand in der Weihnachtsnacht im Jahre des Herrn sechzehnhundert soundsoviel zwischen dem Hochwürdigen Herrn Balaguère, dem ehemaligen Prior der Barnabiter-Mönche, dem gegenwärtigen wohlbestallten Hauskaplan der Herren von Trinquelage, und seinem kleinen Messdiener Garrigou statt, oder wenigstens dem, den er dafür hielt. Denn wohlgemerkt, an diesem Abend hatte der Teufel das runde Gesicht und die verschwommenen Züge des jungen Sakristans angenommen, um den ehrwürdigen Vater besser in Versuchung zu führen und ihn die verwerfliche Sünde der Gaumenlust begehen zu lassen. Also, während der angebliche Garrigou (hm! hm!) abwechselnd mit beiden Armen die Glocken der herrschaftlichen Kapelle läutete, legte Hochwürden sein Messgewand in der kleinen Sakristei des Schlosses an und, ganz in die Beschreibung der gastronomischen Genüsse vertieft, wiederholte er für sich beim Anziehen: »Gebratene Truthennen … Goldgelbe Karpfen … So große Forellen!«

Draußen blies der Nachtwind und trug den Klang der Glocken in die Ferne, während nach und nach in der Dunkelheit an den Seiten des Berges Ventoux die Lichter aufblitzten, auf dessen Höhe die alten Türme von Trinquelage standen. Das waren Pächterfamilien, die die Mette im Schloss hören wollten. Sie kletterten unter Gesang in Gruppen von fünf bis sechs die Anhöhe hinauf; der Vater ging mit der Laterne in der Hand voraus, die Frauen waren eingehüllt in ihre großen, braunen, ärmellosen Mäntel, woran die Kinder sich schutzsuchend anklammerten. Trotz der späten Stunde und der Kälte schritten all die guten Leute munter aus, fröhlich in dem Gedanken, dass nach der Mette wie alljährlich der Tisch für sie unten in den Küchen gedeckt sei. Von Zeit zu Zeit spiegelten sich auf dem steilen Auffahrtsweg die Scheiben einer herrschaftlichen Kutsche, der Fackelträger vorangingen, im Mondenschein, oder ein Maultier klingelte mit den Glöckchen beim Traben, und im Scheine der von Nebel eingehüllten

Stocklaternen erkannten die Pächter ihren Vogt und grüßten im Vorbeigehen: »Guten Abend, guten Abend, Herr Arnoton!«

»Guten Abend, guten Abend, meine Kinder!«

Die Nacht war frostklar, die Sterne heller als sonst; der Nordostwind war schneidend, und die feinen Eisnadeln, die ohne Spur von Nässe über die Kleider glitten, blieben der Tradition der »weißen Weihnacht« treu. Oben auf dem Hügel erschien als Ziel das Schloss mit seiner gewaltigen Masse von Türmen und Giebeln, ragte der Glockenturm seiner Kapelle hoch in den blauschwarzen Himmel hinauf, und viele kleine Lichter blinzelten und verschwanden an allen Fenstern; sie glichen auf dem Hintergrund des dunklen Gebäudes den Fünkchen, die in der Asche von verbranntem Papier aufglühen … Nachdem man die Zugbrücke und das Falltor passiert hatte, musste man, um zur Kapelle zu gelangen, den ersten Hof überqueren, der mit Kutschen, Dienern, Tragsesseln angefüllt und vom Fackelscheine und dem auflodernden Feuer der Küchen hell erleuchtet war. Man hörte das Geräusch von Bratspießen, das Klappern von Pfannen, das Klirren von Kristall- und Silbergefäßen, die bei den Vorbereitungen zum Mahle gebraucht wurden. Über allem schwebte ein warmer Dunst von Bratenduft und würzigen Kräuter-Saucen, der den Pächtern wie dem Kaplan, dem Vogt und jedem anderen zuzurufen schien: »Welch ein gutes Nachtmahl wird es nach der Mette für uns geben!«

II.

Klingeling! … Klingeling! …

Die Mitternachtsmesse beginnt. In der Schlosskapelle, einer Kathedrale im Kleinen, mit Kreuzgewölben und Eichentäfelung die ganzen Wände hinauf, sind die Wandteppiche gespannt, alle Kerzen sind angezündet. Und wie viel Beter heute! Und was für Toiletten! Da sitzen zunächst in den geschnitzten Stühlen rings um den Chor der Herr von Trinquelage in einem Gewand von lachsfarbenem Taft und neben ihm alle eingeladenen edlen Herren. Gegenüber auf den mit Samt verzierten Betstühlen haben die alte Gräfin-Witwe in ihrem feuerroten Brokatkleid und die junge Frau von Trinquelage, die eine hohe, in Falten gelegte Spitzenhaube nach der neuesten Mode des französischen Hofes trägt, Platz genommen. Weiter unten sieht man die rasierten Gesichter des Amtmanns Thomas Arnoton und den Notar Herrn Ambroy in ihrer schwarzen Kleidung mit den großen, spitz zulaufenden Perücken; sie bringen zwei ernste Noten in die glänzenden Seidenstoffe und den durchwirkten Damast. Dann kommen die dicken Haushofmeister, die Pagen, die Vorreiter, die Verwalter, Frau Barbara, die alle Schlüssel an einer feinen, silbernen Kette an der Seite hängen hat. In den hinteren Bänken sitzen die Diener, die Dienstmädchen, die Pächter mit ihren Familien und ganz hinten an der Türe, die sie möglichst geräuschlos öffnen und schließen, stehen die Herren Köche, die zwischen der Herstellung zweier Saucen ein wenig Mess-luft atmen und den Duft vom Weihnachtsschmaus mit in die feierliche Kirche bringen, in welcher die vielen brennen-den Kerzen eine festliche Wärme ausstrahlen.

Ist es der Anblick dieser kleinen weißen Mützen, der Hochwürden beim Lesen der Messe so zerstreut? Oder ist es vielleicht Garrigous Glöck-chen, dieses tolle Glöckchen, das sich an den Stufen des Al-tars mit einer teuflischen Ge-schwindigkeit bewegt und die ganze Zeit zu rufen scheint: »Vorwärts! Vorwärts! … Je schneller wir fertig sind, desto eher werden wir am Tische sit-zen.«

Jedenfalls ist es Tatsache, dass immer, wenn das Teufels-glöckchen erklingt, der Kaplan

167

seine Messe vergisst und nur noch an das Nachtmahl denkt. Er stellt sich vor, wie die Köche hantieren, wie in den Herden ein wahres Schmiedefeuer brennt, wie der Dampf aus den halbgeöffneten Töpfen herausquillt und in dem Dunst zwei prächtige Truthennen, zum Platzen gefüllt und marmoriert mit Trüffeln, erscheinen.

Oder aber er sieht Reihen kleiner Pagen vorbeiziehen, beladen mit Schüsseln, von denen ein verführerischer Geruch aufsteigt. O Wonne! Da steht im Lichterglanze die schwerbeladene Tafel, die Pfauen mit ihren eigenen Federn geschmückt, die Fasane mit ausgebreiteten goldkäferfarbenen Flügeln, da gibt es rubinrote Flaschen, Pyramiden von Früchten, die aus grünen Zweigen hervorleuchten, und diese wunderbaren Fische, von denen Garrigou sprach (ja, ja, vortrefflich, Garrigou!), ausgebreitet auf einer Lage Fenchel, mit glänzenden Schuppen, als ob sie gerade erst aus dem Wasser kämen, einen Strauß duftender Kräuter in ihren hässlichen Mäulern. So lebhaft ist die Vorstellung dieser Wunderdinge, dass es dem Herrn Balaguère so vorkommt, als ob alle diese verführerischen Gerichte auf der Stickerei des Altartuches vor ihm aufgetragen seien, und zwei- bis dreimal ertappt er sich dabei, dass er anstatt »Der Herr sei mit euch« »Der Herr segne die Mahlzeit« sagt. Außer diesen verzeihlichen Irrtümern liest der würdige Herr jedoch seine Messe sehr gewissenhaft, ohne eine Zeile zu überschlagen und ohne eine Kniebeuge auszulassen; und alles geht geziemlich gut, bis zum Ende der ersten Messe; denn ihr wisst, dass am Weihnachtstag derselbe Priester drei Messen nacheinander zelebrieren muss.

»Eine hätten wir!«, sagte sich der Kaplan mit einem Seufzer der Erleichterung; dann macht er dem Sakristan oder vielmehr dem, den er für seinen Sakristan hält, ein Zeichen und …

Klingeling! … Klingeling! …

Die zweite Messe beginnt und mit ihr auch die Sünde des Herrn Balaguère. Schnell, schnell, beeilen wir uns, ruft ihm der schrille Ton von Garrigous Glöckchen zu, und dieses Mal stürzt er sich, der unglückliche Priester, dem Dämon der Gaumenlust ganz verfallen, auf das Messbuch und verschlingt die Seiten mit der Gier seines überreizten Hungergefühls. Wahnsinnig schnell beugt er sich, richtet sich wieder auf, macht flüchtig Kreuzzeichen und Kniebeugen, verkürzt alle seine Gesten, um schneller fertig zu werden. Kaum breitet er die Arme aus beim Evangelium, kaum schlägt er an die Brust beim Confiteor. Der Sakristan und er selbst wetteifern im raschen, undeutlichen Sprechen. Gebete und Antworten überstürzen sich und werden durcheinandergeworfen. Ohne den Mund zu öffnen, damit nicht zu viel Zeit verloren geht, werden die Worte nur halb ausgesprochen und enden in einem unverständlichen Gemurmel.

»Oremus ps … ps … ps

Mea culpa … pa … pa …«

Wie eilige Winzer die Trauben in den Kübeln treten, wateten beide im Latein der Messe herum, nach allen Seiten abgerissene Worte hervorsprudelnd.

»Dom … scum!«, sagt Balaguère.

»… Stutuo …«, antwortet Garrigou; und die ganze Zeit klingt ihnen das verfluchte Glöckchen ins Ohr, wie die Schellen, die man den Postpferden anhängt, um sie zu größerer Geschwindigkeit anzufeuern. Ihr könnt euch vorstellen, dass auf diese Weise eine stille Messe schnell abgetan ist.

»Das war die zweite!«, sagt der Kaplan ganz außer Atem; dann rennt er so rasch er kann, ohne sich die Zeit zum Luftholen zu nehmen, rot und schwitzend die Stufen des Altars herunter und …

Klingeling! … Klingeling! …

Die dritte Messe beginnt. Nun sind es nur noch wenige Schritte bis in den Speisesaal; aber ach! je näher das Mahl rückt, desto mehr wird der unglückliche Balaguère von wahnsinniger Ungeduld und Gaumenlust gepackt. Die Vision wird immer deutlicher, die goldgelben Karpfen, die gebratenen Truthennen stehen vor ihm … Er fasst sie an … er … o Gott! … Die Schüsseln dampfen, die Weine duften köstlich und das Glöckchen mit seinem rasenden Klöppel ruft ihm immer lauter zu: Schnell, schnell, noch schneller! …

Aber wie könnte man noch schneller fertig werden? Seine Lippen bewegen sich kaum noch. Er spricht die Worte nicht mehr aus. Wenn er nicht den lieben Gott ganz betrügen und ihm die Messe abstehlen will … Und wahrhaftig, er tut es, der Unglückselige! … Er kann der Versuchung nicht widerstehen, erst einen Vers, dann zwei auszulassen. Dann ist die Epistel zu lang, er liest sie nicht fertig, streift flüchtig das Evangelium, geht am Credo vorbei, überspringt das Paternoster, grüßt die Präfation von weitem, und mit solchen gewaltigen Sprüngen stürzt er sich in die ewige Verdammnis, immer gefolgt von dem niederträchtigen Garrigou (Weiche, Satan!), der ihm mit wunderbarem Verständnis sekundiert, ihm sein Messgewand hebt, zwei Blätter auf einmal umdreht, das Messpult beiseiteschiebt, die Messkännchen umstößt und immer lauter und schneller das Glöckchen schwingt.

Die entsetzten Gesichter der Gläubigen kann man sich vorstellen! Da sie gezwungen sind, dieser Messe, von der sie kein Wort verstehen, nach der Mimik des Priesters zu folgen, stehen die einen auf, wenn die anderen sich knien, setzen sich die Ersten, während die Letzten stehen, und alle Phasen dieses eigenartigen Gottesdienstes spiegeln sich in den Bänken in buntem Wirrwarr wider. Der Weihnachtsstern, der sich auf den Himmelsbahnen dem kleinen Stall nähert, erblasst vor Entsetzen, als er diese Verwirrung sieht …

»Der Geistliche macht zu schnell … Man kann nicht folgen«, murmelte die alte Gräfin-Witwe und bewegt aufgeregt ihre Haube hin und her.

Herr Arnoton, die Stahlbrille auf der Nase, sucht verzweifelt in seinem Gebetbuch, was, zum Teufel, an der Reihe ist. Aber im Grunde sind alle diese braven Leute, die selbst auch an das Festessen denken, nicht böse, dass die Messe mit solcher Geschwindigkeit weitergeht und, als der hochwürdige Herr Balaguère sich mit strahlendem Gesicht den Gläubigen zu wendet und ihnen mit aller Kraft: »Ite, missa est!« zuruft, antworten alle, die in der Kapelle sind, einstimmig mit einem so fröhlichen, hinreißenden »Deo gratias«, dass man glauben könnte, man säße schon an der Tafel beim ersten Toast des Festmahles.

III.

Fünf Minuten später saß die ganze Schar der edlen Herren in dem großen Saal, der Kaplan mitten unter ihnen. Das Schloss, von oben bis unten erleuchtet, hallte wider von Liedern, Rufen, Lachen und Lärmen, und der ehrwürdige Herr Balaguère durchstach mit seiner Gabel den Flügel eines Haselhuhns und ertränkte die Gewissensbisse über seine Sünde in Strömen auserlesenen Weines und guter Bratensaucen. Der arme ehrwürdige Herr aß und trank so viel, dass er in der Nacht an einem schrecklichen Schlaganfall starb, ohne auch nur Zeit zu haben, Reue zu erwecken; am Morgen kam er dann im Himmel an, noch ganz benommen von den Festlichkeiten der Nacht. Wie er dort empfangen wurde, könnt ihr euch denken.

»Geh mir aus den Augen, du schlechter Christ!«, sagte der höchste Richter, unser aller Herr, zu ihm. »Dein Fehltritt ist so groß, dass er ein ganzes tugendhaftes Leben aufwiegt ... Ah! Du hast mir eine Mitternachtsmesse gestohlen ... Nun wohl! Du wirst mir dafür dreihundert zurückgeben, und du wirst nicht eher ins Paradies kommen, bis du in deiner eigenen Kapelle diese dreihundert Weihnachtsmessen in Gegenwart aller derjenigen, die mit dir und durch deinen Fehltritt gesündigt haben, gelesen hast ...«

Das ist die wahre Geschichte des hochwürdigen Herrn Balaguère, wie man sie im Lande der Oliven erzählt.

Heute existiert das Schloss Trinquelage nicht mehr, aber die Kapelle steht noch. Oben auf dem Berge Ventoux, umgeben von einem Kranze grüner Eichen. Der Wind schlägt die aus den Fugen gegangene Tür auf und zu; auf dem Boden wuchert das Unkraut; in den Ecken des Altares und in den Öffnungen der hohen Fenster, deren bemalte Scheiben seit langem verschwunden sind, nisten die Vögel. Jedoch soll jedes Jahr zu Weihnachten ein übernatürliches Licht in diesen Ruinen umherirren, und die Bauern, die zur Messe und zum Festmahl gehen, sehen die gespenstische Kapelle von unsichtbaren Kerzen erleuchtet, die im Freien brennen, sogar bei Schnee und Wind. Ihr könnt darüber lachen, wenn ihr wollt, aber ein Winzer aus der Gegend, namens Garrigue, ohne Zweifel ein Nachkomme jenes Garrigou, hat mir versichert, dass er an einem Weihnachtsabend, als er einen über den Durst getrunken hatte, sich im Gebirge in der Nähe von Trinquelage verirrte und Folgendes sah: ... Bis elf Uhr nichts. Alles war schweigsam, erloschen, wie tot. Plötzlich, gegen Mitternacht, ertönte Glockenläuten vom Kirchturm, ein uraltes Glockenspiel, dessen Ton aus zehn Meilen Entfernung zu kommen schien. Mit einem Male sah Garrigue auf dem heraufführenden Weg Laternen zittern und undeutliche Schatten sich bewegen. Unter dem Torbogen der Kapelle gingen Schritte, und man hörte flüstern.

»Guten Abend, Herr Arnoton!«

»Guten Abend, guten Abend, meine Kinder!«

Als alle eingetreten waren, fasste sich der Winzer ein Herz, näherte sich leise, und als er durch die zerbrochene Tür sah, bot sich ihm ein sonderbares Schauspiel. Alle Leute, die er hatte vorbeigehen sehen, waren im

Chor des zerfallenen Schiffes aufgestellt, als ob die alten Bänke noch da wären. Schöne Damen in Brokat mit Spitzenhauben, von oben bis unten betresste Herren, Bauern in schönen blumigen Jacken, so wie sie unsere Großväter trugen. Alle sahen alt, welk, staubig und müde aus. Von Zeit zu Zeit strichen Nachtvögel, die gewöhnlichen Gäste der Kapelle, durch all das Licht aufgeschreckt, um die Kerzen, deren Flammen gerade und leise flackernd in die Höhe stiegen, als ob sie hinter einem Schleier brannten; und was Garrigue am meisten Spaß machte, war eine gewisse Person mit großer Stahlbrille, die jeden Augenblick ihre hohe schwarze Perücke schüttelte, auf welcher einer dieser Vögel sich ankrallte und schweigend mit den Flügeln schlug.

Im Hintergrund lag ein Greis, klein wie ein Kind, mitten im Chor auf den Knien und schwang verzweifelt eine Schelle, die keinen Klöppel hatte und keinen Ton von sich gab, während ein Priester im goldenen Messgewand vor dem Altar hin und her ging und Gebete murmelte, von denen man kein Wort verstand … Sicher war das der hochwürdige Herr Balaguère, der seine dritte stille Messe las.

Aus dem Französischen von Natalie Friedberg

WEIHNACHTSQUIZ

Lösungen auf S. 224

1 *Wer gibt sich hier fälschlicher-*
weise als Weihnachtsmann aus?
A Père Noël
B Sinterklaas
C Klabautermann
D Joulupukki

2 *In aller Welt stellen sich die*
Kinder, egal unter welchem
Namen, heute den Weihnachts-
mann pausbäckig, mit langem,
weißem Bart und im roten Man-
tel vor. Das war nicht immer so
und kam erst zustande durch …
A eine Werbekampagne von
Coca-Cola
B die Mitte des 20. Jahrhunderts
gefundenen Qumran-Rollen,
in denen er beschrieben ist
C die Freilegung des Weihnachts-
freskos im Kloster Benedikt-
beuern im Jahr 1927
D eine Empfehlung der
UNESCO

3 *Was bedeutet das aus dem*
Lateinischen abgeleitete
»Advent« wörtlich?
A Vergebung
B Erleuchtung
C Botschaft
D Ankunft

4 *Als sich Till Eulenspiegel »am*
Tage von Sankt Nikolaus« bei
einem Braunschweiger Bäcker
verdingte, buk er seltsam geformte
Gebilde. Das waren …
A Honigkuchenmänner
B Eulen und Meerkatzen
C Herzen und Sterne
D Hefezöpfe

5 *1936 kreierte der Dresdner Scho-*
kolatier Herbert Wendler eine
süße Spezialität, die heute welt-
weit bekannt ist. Das waren …
A Schokoladennüsse
B Dominosteine
C Weihnachtsstollen
D Marzipankartoffeln

6 *Aus dem weihnachtlichen Fernsehprogramm nicht wegzudenken ist der deutsch-tschechische Film »Drei Haselnüsse für Aschenbrödel«. Wie heißt das treue Pferd von Aschenbrödel?*

A Nikolaus
B Ruprecht
C Rosalius
D Valentin

7 *In welchem alljährlich zu Weihnachten ausgestrahlten Film ist Alec Guinness zu sehen?*

A Das Wunder von Manhattan
B Fanny und Alexander
C Der kleine Lord
D Die Muppets Weihnachtsgeschichte

8 *Es sei der beste Song, der je geschrieben wurde, meinte der Komponist von »White Christmas«. Und tatsächlich wurde das Lied zur weltweit meistverkauften Single und bis heute in über 500 Versionen interpretiert. Wie heißt der Komponist?*

A Irving Berlin
B Bing Crosby
C Leonard Bernstein
D Frank Sinatra

9 *Der historische Nikolaus lebte um 340 als mildtätiger Mann im heute türkischen Myra. Er war –*

A römischer Statthalter
B Bischof
C Tischler
D Hirte

10 *Wenn Sie zum Adventskaffee eingeladen werden und als Mitbringsel eine Poinsettia überreichen, handelt es sich um …*

A einen italienischen Sandkuchen
B ein Weihnachtsgesteck aus Stechpalmen und Christrosen
C einen Weihnachtsstern
D eine Schneekugel

11 *Warum ist der Weihnachtsstollen mit weißem Puderzucker bestäubt?*

A Man tarnte damit die Verwendung der im Mittelalter verbotenen Rosinen und Mandeln.
B Es drückt den Wunsch nach weißer Weihnacht aus.
C Es versinnbildlicht das in Windeln gewickelte Jesuskind.
D Dem traditionell sauren Teig wurde so eine süße Note gegeben.

12 *Nicht nur in England ist die Mistel ein traditioneller Weihnachtsschmuck. Es bringt Glück, wenn man »unter dem Mistelzweig« was tut?*

A ein Lied singt
B den/die Liebste/n küsst
C ein Geldstück in der Tasche umdreht
D ein Vaterunser betet

13 *Auf Sizilien pflegen viele Familien einen speziellen Brauch, um das Geld für die Weihnachtsgeschenke aufzutreiben. In den Wochen vor Weihnachten lädt man ein …*

A zum Weihnachtspokern
B zur Versteigerung von Hausrat
C zum Sternsingen
D zum Weihnachtsbasar mit dem Verkauf von selbstgebackenem Kuchen

14 *Wenn die Menschen überall auf der Welt gute Wünsche zur Weihnacht aussprechen, ist welcher Wunsch nicht wirklich angebracht?*

A Vrolijk kerstfeest
B Boun Natale
C Feliz Navidad
D Na Sdorowje

15 *Dresden kann mit Verweis auf das Jahr 1434 den ältesten Weihnachtsmarkt Deutschlands für sich reklamieren. Wie lautet die richtige Bezeichnung für den Dresdner Weihnachtsmarkt?*

A Striezelmarkt
B Christkindlmarkt
C Sternenmarkt
D Glühweinmarkt

16 *Mit welchen Worten beginnt das Weihnachtsoratorium von Johann Sebastian Bach?*

A In dulci jubilo
B Frohe Hirten, eilt, ach eilet
C Jauchzet, frohlocket
D Es ist ein Ros entsprungen

17 *Hier hat sich ein Backwerk unter die Naschereien gemogelt, das nicht zum klassischen Weihnachtsgebäck gehört. Welches ist es?*

A Meißner Fummel
B Elsässer Zimtsterne
C Basler Brunsli
D Aachener Printen

18 *In Italien erhalten traditionell die Kinder am 6. Januar ihre Geschenke. Wer bringt sie?*

A die Heiligen Drei Könige
B das Christkind
C der heilige Nikolaus
D die Hexe Befana

19 *Es gibt nur drei »Heilige Könige«. Welcher König ist falsch?*

A Balthasar
B Melchior
C Nebukadnezar
D Kasper

20 *Welche Figur des »weihnachtlichen Personals« wurde durch Martin Luther ins Leben gerufen?*

A Beelzebub
B Weihnachtswichtel
C Christkind
D Knecht Ruprecht

21 *Wo finden die englischen Kinder ihre Weihnachtsgeschenke?*

A in den aufgehängten Socken
B unterm Weihnachtsbaum
C in den aufgestellten Schuhen
D auf dem Fensterbrett

22 *Das Weihnachtslied »Stille Nacht, heilige Nacht«, 1818 entstanden und inzwischen zum Weltkulturerbe erklärt, hat wie viele Strophen?*

A eine
B sechs
C zwölf
D achtzehn

23 *Welche Liedzeile wird bei einem weihnachtlichen Singen nicht zu hören sein?*

A Morgen, Kinder, wird's was geben
B Horch, was kommt von draußen rein
C Vom Himmel hoch, da komm ich her
D Lasst uns froh und munter sein

24 *Amerikanische Kinder wissen, dass acht Rentiere den Schlitten von Santa Claus ziehen. In einer 1939 erschienenen Geschichte von Robert L. May tritt ein weiteres, heute berühmtes Rentier auf. Wie heißt es?*

A Rudolph
B Robert
C René
D Rüdiger

25 *Welches weihnachtliche Accessoire wurde um 1850 im thüringischen Lauscha erstmals hergestellt?*

A Nussknacker
B Gas-Weihnachtsbaumbeleuchtung
C Räuchermännchen
D gläserner Baumschmuck

26 *Welche heute weitverbreitete Weihnachtsrequisite findet erstmals im Jahr 1562 in Prag Erwähnung?*

A Adventskranz
B Schwibbogen
C Weihnachtskrippe
D Christbaum

27 *In Russland bringt Väterchen Frost am 31. Dezember die Geschenke. Begleitet wird er von …*

A dem Zwerg Ivaschka
B dem Hund Buran
C dcm Mädchen Schneeflöckchen
D der Hexe Baba Jaga

28 *Woher haben die Pfefferkuchen ihren Namen?*

A In den Teig kommt reichlich Pfeffer hinein.
B Pfeffer stand als Oberbegriff für exotisches Gewürz, ist aber gar keine Zutat.
C Der Preis des Gebäcks war gepfeffert.
D Der Bäcker Karl Friedrich Pfeffer ist der Erfinder das nach ihm benannten Gebäcks.

29 *Als die Heiligen Drei Könige aus dem Morgenland nach Bethlehem kamen, brachte jeder ein Geschenk für das Jesuskind mit. Was war nicht dabei?*

A Weihrauch
B Gold
C Myrrhe
D Salbei

30 *Welche Region ist für die Herstellung von Weihnachtspyramiden bekannt?*

A Bayern
B das Erzgebirge
C der Harz
D die Insel Sylt

CHARLES DICKENS
EIN WEIHNACHTSLIED IN PROSA

1. Strophe MARLEYS GEIST

Marley war tot, ohne Zweifel. Der Totenschein war unterschrieben von dem Geistlichen, dem Leichenbestatter und dem vornehmsten Leidtragenden. Scrooge unterschrieb ihn, und Scrooges Name wurde auf der Börse respektiert, wo immer er ihn hinschrieb.

Scrooge und Marley waren, ich weiß nicht wie viele Jahre, Kompagnons. Scrooge war sein einziger Testamentsvollstrecker, sein einziger Verwalter, sein einziger Erbe, sein einziger Freund und einziger Leidtragender. Scrooge ließ Marleys Namen nicht streichen. Noch nach Jahren stand über der Tür des Speichers »Scrooge und Marley«. Leute, die Scrooge nicht kannten, nannten ihn zuweilen Scrooge und zuweilen Marley; er hörte auf beide Namen, es war ihm ganz einerlei.

Oh, er war ein Blutsauger, dieser Scrooge! Ein gieriger, alles zusammenkratzender und festhaltender alter Geizkragen: hart und scharf wie ein Kiesel, aus dem kein Stahl einen warmen Funken schlug, verschlossen wie eine Auster und selbstsüchtig und nur auf sich bedacht. Die Kälte seines Herzens machte seine alten Gesichtszüge starr, seine spitze Nase noch spitzer, sein Gesicht runzlig, seinen Gang steif, seine Augen rot, seine dünnen Lippen blau und seine Stimme krächzend. Ein frostiger Reif lag auf seinem Haupt, auf seinen Augenbrauen, auf seinem drahtigen Bart. Er schleppte seine eigene Kälte immer mit sich herum; in den Hundstagen kühlte er sein Kontor wie mit Eis, zur Weihnachtszeit wärmte er es nicht um einen Grad.

Niemals begegnete ihm jemand auf der Straße mit freundlichen Blicken, um zu sagen: »Mein lieber Scrooge, wie geht's, wann werden Sie mich einmal besuchen?« Kein Bettler sprach ihn um eine milde Gabe an, kein Kind fragte ihn, wie spät es sei, kein Mann und keine Frau hat sich je bei ihm nach dem Weg erkundigt. Doch was kümmerte das den alten Scrooge? Gerade das gefiel ihm. Allein seinen Weg durchs Leben zu gehn, jedem menschlichen Gefühl zu entsagen, das war es, was Scrooge gefiel.

Einmal – es war von allen guten Tagen im Jahr der beste, der Heilige Abend – saß der alte Scrooge in seinem Kontor. Draußen war es schneidend kalt und neblig, und er konnte hören, wie die Leute im Hof schnaufend auf und ab gingen, die Hände aneinanderschlugen und mit den Füßen stampften, um sich zu wärmen. Es hatte eben erst drei Uhr geschlagen, war aber schon stockdunkel. In den Fenstern der benachbarten Kontore flackerten Kerzen wie rote Flecken in der dicken braunen Luft. Der Nebel drang durch jede Spalte und jedes Schlüsselloch und war so dick, dass die gegenüberliegenden Häuser des sehr kleinen Hofes wie ihre eigenen Geister aussahen.

Die Tür von Scrooges Kontor stand offen, damit er seinen Buchhalter beaufsichtigen konnte, der in einem erbärmlich feuchten, kleinen Raum, einer Art Verlies, Briefe kopierte. Bei Scrooge brannte nur ein sehr kleines Feuer, aber des Dieners Feuer war noch um vieles kleiner.

»Fröhliche Weihnachten, Onkel, Gott segne Sie!«, rief eine heitere Stimme. Es war die Stimme von Scrooges Neffen, der so schnell hereingekommen war, dass dieser Gruß das Erste war, was man von ihm bemerkte.

»Pah«, sagte Scrooge, »Humbug!«

Der Neffe war vom schnellen Laufen so warm geworden, dass er über und über glühte; seine Augen glänzten und sein Atem rauchte.

»Weihnachten ist Humbug, Onkel?«, sagte Scrooges Neffe. »Das kann nicht Ihr Ernst sein.«

179

»Ist es aber«, sagte Scrooge. »Fröhliche Weihnachten? Was für ein Recht hast du, fröhlich zu sein? Was für einen Grund, fröhlich zu sein? Du bist arm genug.«

»Nun«, antwortete der Neffe heiter, »was für ein Recht haben Sie, grämlich zu sein? Was für einen Grund, mürrisch zu sein? Sie sind reich genug.«

Scrooge, der im Augenblick keine bessere Antwort darauf bereit hatte, sagte noch einmal »Pah!« und schickte ein »Humbug« hinterher.

»Seien Sie nicht misslaunig, Onkel«, sprach der Neffe.

»Was soll ich anderes sein«, antwortete der Onkel, »wenn ich in einer Welt voller Narren lebe? Fröhliche Weihnachten! Der Henker hole die fröhlichen Weihnachten! Was ist Weihnachten für dich anderes als eine Zeit, in der du Rechnungen bezahlen sollst, ohne Geld zu haben, eine Zeit, in der du dich um ein Jahr älter und nicht um eine Stunde reicher findest? Wenn es nach mir ginge«, setzte Scrooge heftig hinzu, »so müsste jeder Idiot, der mit einem ›Fröhliche Weihnachten‹ auf den Lippen herumläuft, in seinem eigenen Weihnachtspudding gekocht und mit seinem Weihnachtsbaum gepfählt werden.«

»Onkel!«, bat der Neffe.

»Neffe«, antwortete der Onkel erbost, »feiere du Weihnachten nach deiner Art und lass es mich nach meiner feiern.«

»Feiern!«, wiederholte Scrooges Neffe. »Aber Sie feiern es nicht.«

»Lass mich in Ruh«, sagte Scrooge. »Möge es dir Nutzen bringen. Viel genützt hat es dir schon.«

»Es gibt Dinge, die mir hätten nützen können und die ich nicht genutzt habe, das weiß ich«, antwortete der Neffe, »und Weihnachten ist eins davon. Aber ich weiß auch, dass ich Weihnachten immer als eine gute Zeit betrachtet habe, als die einzige Zeit in dem ganzen langen Jahreskalender, da die Menschen einander ihre verschlossenen Herzen auftun. Und daher, Onkel, wenn es mir auch niemals ein Stück Gold oder Silber in die Tasche gebracht hat, daher glaube ich doch, es hat mir Gutes getan und wird mir Gutes tun, und ich sage ›Gott segne das Weihnachtsfest!‹«

Der Diener in dem Verlies applaudierte unwillkürlich, fühlte aber augenblicks das Unschickliche seines Betragens, weswegen er heftig im Feuer herumstocherte und dadurch die letzten Funken unwiederbringlich löschte.

»Wenn ich noch einen einzigen Laut von Ihnen höre«, sagte Scrooge, »feiern Sie Ihre Weihnachten mit dem Verlust Ihrer Stelle. – Du bist ein vortrefflicher Redner«, fügte er, sich zu seinem Neffen wendend, hinzu. »Es wundert mich, dass du nicht im Parlament sitzt!«

»Nichts für ungut, Onkel. Kommen Sie und essen Sie morgen mit uns.«

Scrooge sagte, er solle sich zum Teufel scheren, ja, so deutlich sprach er es aus.

»Aber warum?«, rief Scrooges Neffe. »Warum denn?«

»Warum hast du geheiratet?«, fragte Scrooge.

»Weil ich mich verliebt habe.«

»Weil er sich verliebt hat!«, brummte Scrooge, als sei dies noch lächerlicher als eine fröhliche Weihnacht. »Guten Abend!«

»Aber Onkel, ich brauche nichts von Ihnen, ich verlange nichts von Ihnen, warum können wir nicht gute Freunde sein?«

»Guten Abend!«, sagte Scrooge.

»Ich bedaure zutiefst, Sie so hartherzig zu finden. Ich habe den Versuch gemacht, Weihnachten zu Ehren, und ich will mir meine Weihnachtsstimmung nicht verderben lassen. Fröhliche Weihnachten, Onkel!«

»Guten Abend!«, sagte Scrooge.

Trotz allem verließ der Neffe das Zimmer ohne ein böses Wort. An der Haustür blieb er stehen, um dem Buchhalter ein frohes Fest zu wünschen. Der war, so sehr er in seinem erbärmlichen Verlies fror, wärmer als Scrooge und erwiderte freundlich den Gruß.

»Auch so ein Kerl!«, brummte Scrooge, der es gehört hatte. »Mein Gehilfe mit fünfzehn Shilling die Woche und Frau und Kindern spricht von fröhlichen Weihnachten. Ich gehe nach Bedlam ins Irrenhaus!«

Scrooge machte sich wieder an die Arbeit. Der alte Kirchturm, dessen brummende alte Glocke sonst aus einem gotischen Fenster in der Mauer verstohlen auf Scrooge herabsah, wurde unsichtbar im Nebel und schlug die Stunden und Viertel mit einem zitternden Nachklang, als wenn in dem starren Haupte da droben die Zähne klapperten. In der Hauptstraße an der Ecke der Sackgasse wurden die Gasleitungen ausgebessert, und die Arbeiter hatten in einer Kohlenpfanne ein großes Feuer angezündet. Zerlumpte Männer und Knaben drängten sich heran, um sich über den Flammen die Hände zu wärmen. Der Inhaber einer kleinen, jungen Nase,

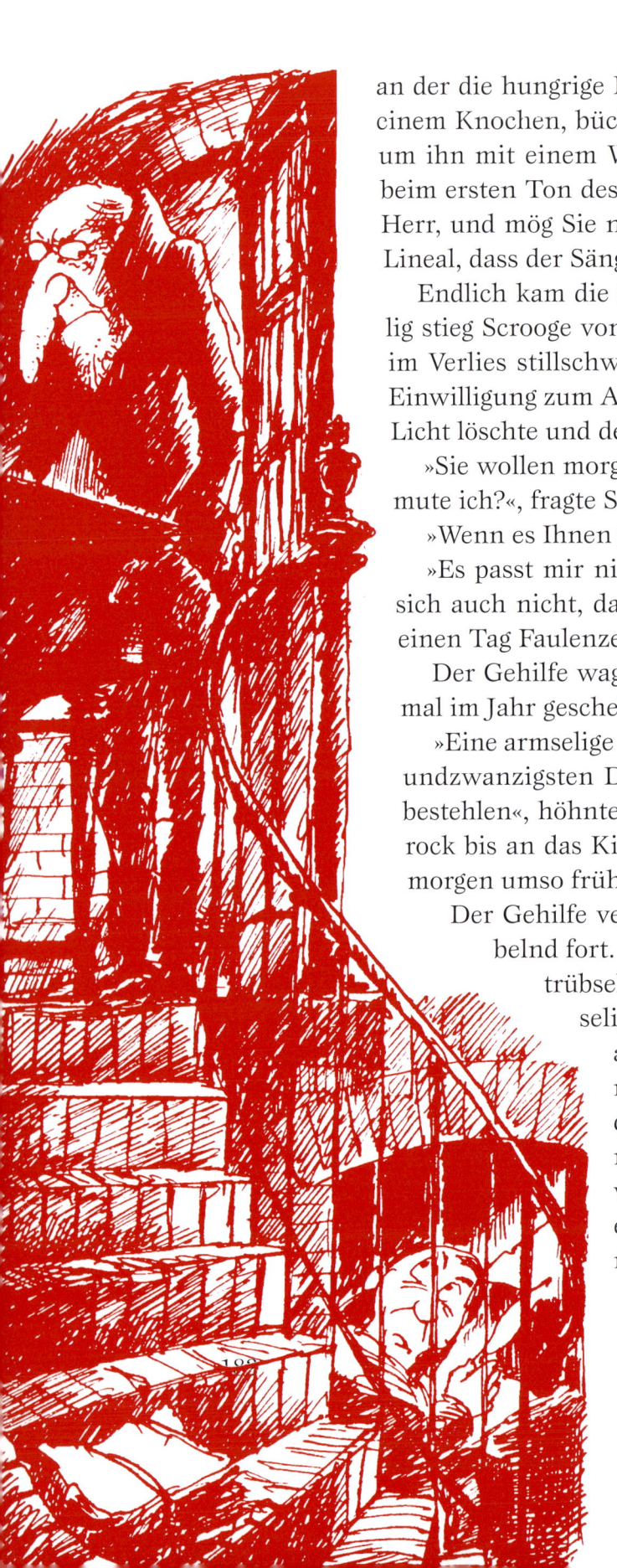

an der die hungrige Kälte biss und nagte wie Hunde an einem Knochen, bückte sich zu Scrooges Schlüsselloch, um ihn mit einem Weihnachtsliede zu erfreuen. Aber beim ersten Ton des Liedes »Gott segne Sie, vergnügter Herr, und mög Sie nichts betrüben« ergriff Scrooge das Lineal, dass der Sänger voll Schrecken entfloh.

Endlich kam die Stunde des Feierabends. Widerwillig stieg Scrooge von seinem Sessel und gab damit dem im Verlies stillschweigend ausharrenden Gehilfen die Einwilligung zum Aufbruch, worauf dieser sogleich das Licht löschte und den Hut aufsetzte.

»Sie wollen morgen den ganzen Tag frei haben, vermute ich?«, fragte Scrooge.

»Wenn es Ihnen passt, Sir.«

»Es passt mir nicht«, sagte Scrooge, »und es gehört sich auch nicht, dass ich einen Tag Lohn bezahle für einen Tag Faulenzen.«

Der Gehilfe wagte einzuwerfen, dass es ja nur einmal im Jahr geschehe.

»Eine armselige Entschuldigung, um an jedem fünfundzwanzigsten Dezember eines Mannes Tasche zu bestehlen«, höhnte Scrooge und knöpfte seinen Überrock bis an das Kinn zu. »Seien Sie wenigstens übermorgen umso früher hier!«

Der Gehilfe versprach es, und Scrooge ging brabbelnd fort. Er nahm wie üblich sein einsames, trübseliges Mahl in einem einsamen, trübseligen Gasthaus ein, und nachdem er alle Zeitungen gelesen hatte, ging er nach Hause schlafen. Er wohnte in den Räumen, die seinem verstorbenen Kompagnon gehört hatten. Es war eine düstere Zimmerflucht in einem massiven Hofgebäude. Niemand außer Scrooge wohnte dort, alle andern Örtlichkeiten waren als Geschäftsräume vermietet. Der Hof war so dunkel, dass selbst Scrooge, der dort jeden Pflasterstein kannte, seinen Weg mit den Händen ertasten musste.

Nun ist es keine Frage, dass an dem Klopfer der Haustür ganz und gar nichts Besonderes war als seine Größe. Keine Frage auch, dass Scrooge ihn jeden Abend und jeden Morgen, seit er das Haus bewohnte, gesehen hatte und dass Scrooge so wenig Phantasie besaß als irgendjemand in der City von London. Und da soll mir mal jemand erklären, warum Scrooge, als er seinen Schlüssel in das Türschloss steckte, in dem alten, wohlbekannten Klopfer keinen Türklopfer, sondern Marleys Gesicht sah?

Ja, Marleys Gesicht. Es war von einem geheimnisvollen Leuchten umgeben, wie ein verdorbener Hummer in einem dunklen Keller, und blickte Scrooge an, wie ihn Marley gewöhnlich angesehen hatte, die gespenstische Brille auf die gespenstische Stirn hinaufgeschoben. Das Haar stand ihm zu Berge, wie von Wind oder heißer Luft gesträubt, und obgleich die Augen weit offen standen, waren sie doch ohne jede Bewegung. Dies und die leichenhafte Farbe machten das Gesicht schrecklich. Als Scrooge fest auf die Erscheinung blickte, war es wieder ein Türklopfer!

Es wäre falsch zu sagen, er sei nicht erschrocken. Aber gewaltsam fasste er sich, griff mit der Hand abermals nach dem Schlüssel, drehte ihn um, trat in das Haus und zündete sein Licht an. Trotzdem zögerte er einen Augenblick, ehe er die Tür schloss, und spähte erst vorsichtig dahinter, als fürchte er wirklich, von Marleys Kopf erschreckt zu werden. Aber hinter der Tür war nichts als die Schrauben, die den Klopfer hielten, und so sagte Scrooge: »Bah, bah«, und warf die Tür hinter sich ins Schloss. Er ging über den Hausflur und die Treppe hinauf, indem er das Licht beim Hinaufgehen schürte. Man kann sich denken, dass es bei Scrooges kleinem Talglicht ziemlich dunkel blieb. Dunkelheit ist billig, und das Billige liebte Scrooge.

Bevor er seine schwere Tür schloss, ging er durch die Zimmer, um zu sehen, ob alles in Ordnung sei. Wohnzimmer, Schlafzimmer, Rumpelkammer, alles war, wie es sein sollte. Niemand unter dem Tisch, niemand unter dem Sofa; ein kleines Feuer auf dem Rost, Löffel und Teller bereit und das kleine Töpfchen Haferschleim – Scrooge hatte den Schnupfen – auf dem Feuer. Niemand unter dem Bett, niemand im Alkoven, niemand in seinem Schlafrock, der an der Wand hing.

Vollkommen zufriedengestellt, machte er die Tür zu, schloss sich ein und schob noch den Riegel vor, was sonst seine Gewohnheit nicht war. Er zog seinen Schlafrock an und die Pantoffeln, setzte die Nachtmütze auf und nahm vor dem Feuer Platz, um seinen Haferschleim zu essen.

Der Kamin war ringsum mit seltsamen holländischen Fliesen mit Bildern aus der biblischen Geschichte belegt. Man sah Kain und Abel, die Königin von Saba, auf Wolken herabschwebende Engel – Hunderte von Figuren, die Gedanken zu beschäftigen. Und doch kam das Gesicht Marleys wie der Stab des alten Propheten und verschlang alles andere.

»Dummes Zeug!«, brummte Scrooge und lehnte den Kopf in den Stuhl zurück. Mit einem seltsamen Schauer sah er, wie die Klingel sich zu bewegen begann: erst wenig, dass sie kaum einen Ton von sich gab, aber bald schellte sie laut und mit ihr jede andre Klingel des Hauses. Das mochte eine halbe Minute gedauert haben, aber es kam ihm vor wie eine Stunde. Die Klingeln hörten gleichzeitig auf, wie sie gleichzeitig angefangen hatten. Dann vernahm man ein Rasseln tief unten, als ob jemand über die Fässer in des Weinhändlers Keller eine schwere Kette schleppe. Jetzt erinnerte sich Scrooge gehört zu haben, dass Gespenster Ketten schleppen. Die Kellertür flog mit einem dumpf dröhnenden Knall auf, und er hörte das Klirren viel lauter auf dem Hausflur unten, dann, wie es die Treppe herauf und gerade auf seine Tür zukam.

»Es ist ja dummes Zeug«, sagte Scrooge. Aber er wechselte doch die Farbe, als es nun, ohne zu verweilen, durch die schwere Tür und in das Zimmer kam. Als es hereintrat, flackerte das ersterbende Feuer auf, als riefe es: »Ich kenne ihn, Marleys Geist!«

Dasselbe Gesicht, ganz dasselbe. Marley mit seinem Zopf, seiner gewöhnlichen Weste, den engen Hosen und hohen Stiefeln. Die Kette, die er hinter sich her schleppte, war um seinen Leib geschlungen. Sie war lang, ringelte sich wie ein Schwanz und war aus Geldkassen, Schlüsseln, Schlössern, Hauptbüchern, Kontrakten und schweren stählernen Börsen zusammengesetzt. Sein Leib war so durchsichtig, dass Scrooge durch die Weste hindurch die zwei Knöpfe hinten an seinem Rock sehen konnte. Scrooge hatte oft sagen gehört, Marley habe kein Herz, aber erst jetzt glaubte er es.

Nein, er glaubte es selbst jetzt noch nicht, obgleich er das Gespenst durch und durch vor sich stehen sah.

»Nun«, sagte Scrooge, scharf und kalt wie gewöhnlich, »was wollt Ihr?«

»Viel!« Das war Marleys Stimme.

»Wer seid Ihr?«

»Als ich lebte, war ich Euer Kompagnon, Jacob Marley.«

»Könnt Ihr Euch setzen?«, fragte Scrooge und sah ihn zweifelnd an.

Der Geist setzte sich auf der anderen Seite des Kamins nieder, als sei er es so gewohnt.

»Ihr glaubt nicht an mich?«, fragte der Geist.

»Nein«, sagte Scrooge.

Nun stieß das Gespenst einen markerschütternden Schrei aus und ließ seine Kette so grauenerregend klirren, dass sich Scrooge fest an seinen Stuhl halten musste, um nicht ohnmächtig herunterzufallen. Aber wie wuchs sein Entsetzen, als das Gespenst das Tuch vom Kopfe nahm, als wäre es ihm zu warm im Zimmer, so dass der Unterkiefer auf die Brust herunterklappte.

Scrooge fiel auf die Knie nieder und schlug die Hände vors Gesicht.

»Gnade!«, rief er. »Schreckliche Erscheinung, warum verfolgst du mich?«

»Mensch mit dem irdisch gesinnten Verstand«, entgegnete der Geist, »glaubst du an mich oder nicht?«

»Ich glaube«, sagte Scrooge, »ich muss glauben. Aber warum wandeln Geister auf Erden, und warum kommen sie zu mir?«

»Von jedem Menschen wird verlangt, dass seine Seele unter seinen Mitmenschen wandle«, antwortete der Geist, »und wenn die Seele dies während des Lebens nicht tut, so ist sie verdammt, es nach dem Tode zu tun. Man ist verdammt, durch die Welt zu wandern – ach, wehe mir! – und zu sehen, was man auf Erden hätte teilen können und zu seinem Glück anwenden sollen.«

Und wieder stieß das Gespenst einen Schrei aus, schüttelte seine Ketten und rang die schattenhaften Hände.

»Du bist gefesselt«, sagte Scrooge zitternd. »Sage mir, warum?«

»Ich trage die Kette, die ich während meines Lebens geschmiedet habe«, sprach der Geist. »Mit meinem eigenen freien Willen lud ich sie mir auf. Ihre Glieder kommen dir seltsam vor?«

Scrooge zitterte mehr und mehr.

»Oder willst du wissen«, fuhr der Geist fort, »wie schwer und wie lang die Kette ist, die du selber trägst? Sie war gerade so lang und so schwer wie diese hier, vor sieben Weihnachten. Seitdem hast du daran gearbeitet!«

Scrooge sah auf den Boden hinab, in der Erwartung, sich von fünfzig oder sechzig Ellen Eisenkette umschlungen zu sehen; aber er sah nichts.

»Jacob«, sagte er flehend. »Jacob Marley, sage mir mehr. Sprich mir Trost zu, Jacob.«

»Ich habe keinen Trost zu geben«, antwortete der Geist. »Mein Geist ging nie über unser Kontor hinaus, blieb immer in den engen Grenzen unsrer schachernden Höhle. Weite Reisen liegen noch vor mir.«

»Du musst dir aber viel Zeit gelassen haben, Jacob«, bemerkte Scrooge, »sieben Jahre tot, und die ganze Zeit über gereist.«

»Die ganze Zeit«, sagte der Geist. »Ohne Frieden, ohne Ruhe und mit den Qualen ewiger Reue.« Der Geist stieß erneut einen Schrei aus und klirrte so grässlich mit seiner Kette, dass ihn die Polizei mit vollem Recht wegen Ruhestörung hätte bestrafen können.

»Oh, gefangen und gefesselt«, rief das Gespenst, »nicht zu wissen, dass Zeitalter von unaufhörlicher Arbeit vergehen, ehe sich das Gute, dessen die Erde fähig ist, entwickeln kann. Nicht zu wissen, dass jeder dieses Erdenleben zu kurz finden wird, um alles Nützliche zu tun. Aber ich wusste es nicht, ach, ich wusste es nicht!«

»Aber du warst immer ein guter Geschäftsmann, Jacob«, stotterte Scrooge zitternd, der jetzt anfing, das Schicksal des Geistes auf sich selbst zu beziehen.

»Geschäft!«, rief das Gespenst, seine Hände abermals ringend. »Der Mensch wäre mein Geschäft gewesen! Das allgemeine Wohl wäre mein Geschäft gewesen! Barmherzigkeit, Versöhnlichkeit und Liebe, alles das wäre mein Geschäft gewesen!« Er hielt seine Kette vor sich hin und warf sie abermals dumpfdröhnend nieder. »Höre mich«, mahnte der Geist. »Meine Zeit ist halb vorbei.«

»Ich höre«, hauchte Scrooge. »Aber mach es gnädig mit mir, Jacob, ich bitte dich.«

»Wie es kommt, dass ich in einer dir sichtbaren Gestalt vor dich treten kann, das weiß ich nicht. Viele, viele Tage habe ich unsichtbar neben dir gesessen.«

Das war kein angenehmer Gedanke. Scrooge schauderte und wischte sich den Schweiß von der Stirn.

»Es ist kein leichter Teil meiner Sühne«, fuhr der Geist fort. »Heute Nacht komme ich zu dir, um dich zu warnen, da du noch die Möglichkeit hast, meinem Schicksal zu entgehen. Eine Möglichkeit und eine Hoffnung, die du mir zu verdanken hast.«

»Du bist immer mein guter Freund gewesen«, murmelte Scrooge.

»Drei Geister«, fuhr das Gespenst fort, »werden zu dir kommen.«

Bei diesen Worten wurde Scrooges Angesicht fast so unglücklich wie das des Gespenstes.

»Soll das die Möglichkeit und Hoffnung sein, die du genannt hast, Jacob?«, fragte er mit bebender Stimme.

»Ja.«

»Ich – ich möchte lieber nicht«, sagte Scrooge.

»Ohne ihr Kommen«, sagte der Geist, »kannst du nicht hoffen, den Pfad zu vermeiden, dem ich nun folgen muss. Erwarte den ersten morgen früh, wenn die Glocke eins schlägt.«

»Könnte ich sie nicht alle miteinander hinter mich bringen?«, meinte Scrooge und wischte sich den Schweiß von der Stirn.

»Erwarte den zweiten in der nächsten Nacht um dieselbe Stunde. Den dritten in der darauffolgenden Nacht, wenn der letzte Schlag der zwölften Stunde verklungen ist. Schau mich an, denn du siehst mich nicht wieder; und schau mich an, damit du dich um deinetwillen an das erinnerst, was zwischen uns vorgefallen ist.«

Als es diese Worte gesprochen hatte, nahm das Gespenst das Tuch vom Tisch und band es sich wieder um den Kopf. Scrooge merkte es am Geräusch der Zähne, als die Kinnladen zusammenklappten. Er wagte, die Augen zu erheben und sah die Erscheinung sich rückwärtsgehend entfernen. Bei jedem Schritt öffnete sich das Fenster ein wenig, so dass es weit offen stand, als das Gespenst es erreicht hatte. Schließlich schwebte es in die dunkle, kalte Nacht hinaus.

Scrooge trat an das Fenster, von Neugier fast zur Verzweiflung getrieben. Er sah hinaus. Die Luft war mit Schatten angefüllt, die in ruheloser Hast klagend hin und her schwebten. Jeder trug eine Kette wie Marleys Geist. Ob diese Wesen in dem Nebel zergingen oder ob sie der Nebel einhüllte, wusste Scrooge nicht zu sagen. Aber sie und ihre Gespensterstimmen verschwanden gleichzeitig, und die Nacht wurde wieder so, wie sie auf seinem Nachhauseweg gewesen war.

Scrooge schloss das Fenster und untersuchte die Tür, durch die das Gespenst eingetreten war. Sie war verschlossen und verriegelt wie vorher. Er wollte sagen: »Dummes Zeug«, blieb aber bei der ersten Silbe stecken, und da er von der inneren Bewegung oder von seinem Einblick in die unsichtbare Welt oder von der Unterhaltung mit dem Gespenst oder der späten Stunde sehr erschöpft war, ging er sogleich ins Bett, ohne sich auszuziehen, und sank sofort in Schlaf.

2. *Strophe* DER ERSTE GEIST

Als Scrooge wieder erwachte, war es so finster, dass er das Fenster kaum von den Wänden seines Zimmers unterscheiden konnte. Die Glocke eines Turmes in der Nachbarschaft kündigte mit vier Viertelschlägen die volle Stunde an. Zu seinem großen Erstaunen schlug die Glocke fort, von sechs zu sieben, von sieben zu acht und so weiter bis zwölf; dann schwieg sie.

Zwölf! Es war zwei vorübergewesen, als er sich zu Bett gelegt hatte. »Was! Das ist doch nicht möglich«, sagte Scrooge. »Ich soll den ganzen Tag und bis tief in die andere Nacht hinein geschlafen haben?«

Mit diesen unruhigen Gedanken beschäftigt, stieg er aus dem Bett und tappte nach dem Fenster. Er musste das Eis erst wegkratzen, ehe er etwas sehen konnte. Alles, was er bemerkte, war, dass es noch sehr neblig und sehr kalt war und dass man keinen Lärm hin und her eilender Leute hörte.

Scrooge legte sich wieder ins Bett und dachte nach, konnte aber zu keinem Schluss kommen. War es ein Traum oder nicht? Je mehr er nachdachte, desto verwirrter wurde er; und je mehr er sich bemühte, nicht nachzudenken, desto mehr dachte er nach. Er blieb in diesem Zustand liegen, bis es wieder drei Viertel schlug. Da besann er sich, dass der Geist ihm eine Erscheinung mit dem Schlag eins versprochen hatte. So beschloss er, wach zu bleiben, bis die Stunde vorüber sei. Endlich vernahm sein lauschendes Ohr die Glocke. In demselben Augenblick wurde es hell im Zimmer, und die Vorhänge seines Bettes wurden geöffnet.

Ich sage euch, die Vorhänge seines Bettes wurden von einer Hand weggezogen, und als er sich aufrichtete, blickte Scrooge dem unirdischen Gast, der sie geöffnet hatte, in das Gesicht. So dicht stand er ihm gegenüber, wie ich jetzt im Geist neben euch stehe.

Es war eine sonderbare Gestalt, gleich einem Kind, aber doch eigentlich auch nicht, sondern mehr wie ein Greis. Sein Haar, das in langen Locken auf seine Schultern herabwallte, war weiß, wie vom Alter, und dennoch hatte das Gesicht keine einzige Runzel. Der Geist trug einen Talar vom reinsten Weiß; er hielt einen frisch-grünen Stechpalmenzweig in der Hand; aber in seltsamem Widerspruch mit diesem Zeichen des Winters war das Kleid mit Sommerblumen verziert. Das Wunderbarste aber war, dass von seinem Scheitel ein heller Lichtstrahl in die Höhe schoss, der alles ringsum erleuchtete.

»Sind Sie der Geist, dessen Erscheinung mir vorhergesagt wurde?«, fragte Scrooge.

»Ich bin es.«

Die Stimme war sanft und wohlklingend und so leise, als käme sie nicht aus dichtester Nähe, sondern aus einiger Entfernung.

»Wer und was sind Sie?«, fragte Scrooge, schon etwas mehr Mut fassend.

»Ich bin der Geist der vergangenen Weihnacht.«

Scrooge war so frei, zu fragen, was ihn hierher führe.

»Dein Wohl«, sagte der Geist.

189

Scrooge drückte ihm seine Dankbarkeit aus, konnte sich aber doch nicht des Gedankens erwehren, dass ihm eine Nacht ungestörten Schlafes mehr genützt hätte. Der Geist musste ihn haben denken hören, denn er sagte sogleich: »Deine Besserung also. Nimm dich in Acht!« Er streckte seine starke Hand aus, als er dies sprach, und ergriff sanft seinen Arm. »Steh auf und folge mir.« Dem Griff, war er auch sanft wie der einer Frauenhand, war nicht zu widerstehen. Scrooge stand auf; aber als er sah, dass der Geist nach dem Fenster schwebte, fasste er ihn flehend beim Gewand.

»Ich bin ein Sterblicher«, sagte Scrooge, »und könnte fallen.«

»Lass meine Hand dich hier berühren«, sagte der Geist, indem er die Hand auf das Herz legte, »und du wirst größere Gefahren überwinden als diese hier.« Als er diese Worte gesprochen hatte, drangen die beiden durch die Wand und standen plötzlich im Freien auf der Landstraße, rings von Feldern umgeben. Es war jetzt ein klarer, kalter Wintertag und der Boden mit weißem reinem Schnee bedeckt.

»Gütiger Himmel!«, rief Scrooge, als er um sich blickte. »Hier wurde ich geboren. Hier lebte ich als Knabe.«

Der Geist schaute ihn mit milden Blicken an. Scrooge bat mit einem ungewöhnlichen Mollton in der Stimme, der Geist möge ihn führen, wohin er wolle.

Scrooge erkannte jedes Tor, jeden Pfahl, jeden Baum wieder, bis ein kleiner Marktflecken in der Ferne mit seiner Kirche, seiner Brücke und dem hellen Fluss erschien. Jetzt kamen einige Knaben, auf zottigen Ponys reitend, auf sie zu, die anderen Knaben in ländlichen Wagen laut zuriefen. Alle waren gar fröhlich und laut.

»Dies sind nur Schatten der Dinge, die da gewesen sind«, meinte der Geist. »Sie wissen nichts von uns.«

Die fröhlichen Reisenden kamen näher, und Scrooge erkannte sie jetzt und konnte sie alle beim Namen nennen. Warum freute er sich über alle Maßen, sie zu sehen, warum wurde sein kaltes Auge feucht, warum frohlockte sein Herz, als sie vorübereilten, warum wurde sein Herz weich, wie sie an den Kreuzwegen voneinander schieden und einander fröhliche Weihnachten wünschten?

»Die Schule ist nicht ganz verlassen«, nahm der Geist wieder das Wort. »Ein Kind sitzt noch einsam dort.«

Scrooge sagte, er wisse es. Und er schluchzte.

Sie erreichten bald ein Haus aus dunkelroten Backsteinen mit einem kleinen Türmchen auf dem Dach und einer Glocke drin. Der Geist ging mit Scrooge über den Hausflur zu einem kahlen, unbehaglichen Saal, den Reihen von einfachen hölzernen Bänken noch kahler und unbehaglicher machten. Auf einer davon saß einsam ein Knabe und las; und Scrooge setzte sich auf eine Bank nieder, als er sein eigenes, vergessenes Selbst sah, wie es in früheren Jahren war. Der Geist berührte seinen Arm und wies auf sein jüngeres, in ein Buch vertieftes Abbild. Es wäre für Scrooges Geschäftsfreunde im Börsenviertel gewiss eine große Überraschung gewesen, ihn jetzt voller Begeisterung ausrufen zu hören: »Da ist ja der Papagei, der mit grünem Leib und gelbem Schwanz, da ist er! Der arme Robinson, er rief ihn, als er von seiner Inselumsegelung wieder nach Hause kam ›Robinson Crusoe, wo bist du gewesen?‹ Er glaubte, er träume, aber das war der Papagei. Ha, dort läuft Freitag in der kleinen Bucht. Es gilt das Leben. Hallo, hoh, hallo!«

Dann sagte er mit einem schnellen Wechsel der Gefühle, der seinem gewöhnlichen Charakter sehr fremd war: »Der arme Knabe!«, wischte sich mit dem Ärmelaufschlag die Augen, steckte die Hand in die Tasche und murmelte: »Ich wünschte – aber es ist jetzt zu spät.«

»Was willst du?«, fragte der Geist.

»Nichts«, sagte Scrooge, »nichts. Gestern sang ein Knabe ein Weihnachtslied vor meiner Tür. Ich wünschte, ich hätte ihm etwas gegeben.«

Der Geist lächelte gedankenvoll und winkte mit der Hand. Dann sagte er: »Lass uns ein anderes Weihnachtsfest sehen.«

Scrooges früheres Selbst wurde bei diesen Worten größer, und das Zimmer etwas finsterer und schwärzer, das Getäfel warf sich, die Fensterscheiben sprangen, Stücke des Kalkbewurfs fielen von der Decke, und das bloße Lattenwerk zeigte sich. Aber wie das alles geschah, wusste Scrooge ebensowenig wie ihr. Er wusste nur, dass alles stimmte und sich ganz so zugetragen habe und dass er's nun wieder sei, der dort allein sitze, während die andern Knaben nach Hause gereist waren zur fröhlichen Weihnachtsfeier.

Er las nicht, sondern ging wie in Verzweiflung im Zimmer auf und ab. Da ging die Tür auf und ein kleines Mädchen sprang herein, schlang die Arme um seinen Hals, küsste ihn und begrüßte ihn als ihren »lieben, lieben Bruder«.

»Ich komme, um dich mit nach Hause zu nehmen«, sagte das Kind, fröhlich mit den Händen klatschend.

»Nach Hause, liebe Fanny?«, fragte der Knabe.

»Ja!«, antwortete die Kleine in überströmender Freude. »Nach Hause und für immer! Der Vater ist so viel freundlicher als sonst. Eines Abends, als ich zu Bett ging, sprach er so freundlich mit mir, dass ich mir ein Herz fasste und ihn fragte, ob du nicht nach Hause kommen dürftest –, und er sagte ja, und schickte mich im Wagen her, um dich zu holen. Und du sollst nicht mehr hierher zurückkehren.«

Eine schreckliche Stimme im Hausflur rief: »Bringt Scrooges Koffer herunter!« Es war der Schullehrer selbst, der Scrooge mit brutal hochnäsiger Herablassung anstarrte. Die Kinder nahmen ohne Rührung von dem Schulmeister Abschied, setzten sich in den Wagen und fuhren so schnell zum Garten hinaus, dass der Reif und der Schnee wie Schaum von den immergrünen Gebüschen hinwegstob.

»Sie war immer ein zartes Wesen, das von einem Hauch hätte verwelken können«, sagte der Geist. »Aber sie hatte ein großes Herz.«

»Ja, das hatte sie«, rief Scrooge.

»Sie starb als Frau«, sagte der Geist, »und hatte Kinder, glaube ich.«

»Ein Kind«, antwortete Scrooge.

»Ja«, sagte der Geist. »Dein Neffe.«

Scrooge schien unruhig zu werden und antwortete kurz: »Ja.«

Obgleich sie die Schule kaum einen Augenblick hinter sich gelassen hatten, befanden sie sich doch plötzlich mitten in den lebendigsten Straßen der Stadt, wo schattenhafte Fußgänger vorübergingen und Wagen und Kutschen um Platz stritten. Am Aufputz der Läden sah man, dass auch hier Weihnachten war; aber es war Abend, und die Straßenlaternen brannten.

Der Geist blieb vor dem Eingang eines Lagerhauses stehen und fragte Scrooge, ob er dies kenne.

»Ob ich es kenne?«, sagte Scrooge. »Hab ich hier nicht gelernt?«

Sie traten ein. Beim Anblick eines alten Herrn in einer Stutzperücke, der hinter einem hohen Pult saß, rief Scrooge in großer Aufregung: »Ha, das ist ja der alte Fezziwig, Gott segne ihn, es ist Fezziwig, wie er leibt und lebt!«

Der alte Fezziwig legte seine Feder hin, sah hinauf nach der Uhr, deren Zeiger auf sieben stand, und rief mit einer behäbigen, doch mild tönenden heiteren Stimme: »Hallo, dort! Ebenezer! Dick!«

Scrooges früheres Selbst, jetzt zu einem Jüngling geworden, trat flink herein, begleitet von seinem Mitlehrling.

»Hallo, meine Burschen«, rief Fezziwig. »Feierabend heute. Weihnachten, Dick! Weihnachten, Ebenezer! Macht die Läden zu, schnell!«

Kaum zu glauben, wie munter die beiden Jungen darangingen.

»Hussahoh!«, rief der alte Fezziwig, mit wunderbarer Geschicklichkeit von seinem hohen Sessel herunterspringend. »Aufräumen, Jungens, und macht viel Platz! Hussahoh, Dick! Hallo, Ebenezer!«

Aufräumen! Alles, was nicht niet- und nagelfest war, wurde in die Winkel geschoben, der Flur wurde gekehrt und gesprengt, die Lampen geputzt, Kohlen auf das Feuer geschüttet, und der Laden war so behaglich, so warm und hell wie ein Ballsaal.

Jetzt trat ein Fiedler mit einem Notenbuch herein, er kletterte auf Fezziwigs Pult, machte es zum Orchester und begann zu stimmen, als hätte er fürchterliches Bauchweh. Dann kam Mrs. Fezziwig, dann kamen die drei Miss Fezziwig, freudestrahlend und liebenswürdig. Dann kamen die sechs Jünglinge, deren Herzen sie brachen. Dann kamen die Burschen und Mädchen, die im Haus einen Dienst hatten: das Hausmädchen mit dem Vetter, dem Bäcker, die Köchin mit ihres Bruders vertrautem Freund, dem Milchmann. Dann kam der Bursche von gegenüber, von dem man sagte, er habe bei seinem Herrn knappe Kost. Sie kamen alle, einer nach dem andern; einige schüchtern, andere keck, einige mit Geschick, andere mit Ungeschick, die zerrend und jene stoßend. Dann ging es los, zwanzig Paare auf einmal, eine halbe Runde hin und zurück, dann die Mitte des Zimmers hinauf und wieder herab, dann in zärtlichen Gruppen sich drehend. Nun klatschte der alte Fezziwig zum Zeichen, dass der Tanz aus sei, in die Hände und rief: »Bravo!« Und der Fiedler senkte sein glühendes Gesicht in einen Krug Porter. Dann folgten noch mehrere Tänze und Pfänderspiele und wieder Tänze. Dann kam Kuchen und Negus und ein großes Stück kalter Braten und Fleischpasteten und viel Bier. Aber der Glanzpunkt des Abends kam nach dem Siedfleisch, als der Fiedler den Großvatertanz »Sir Roger de Coverley« zu spielen begann und der alte

Fezziwig mit Mrs. Fezziwig antrat. Mit dem Glockenschlag elf war dieser häusliche Ball zu Ende. Mr. und Mrs. Fezziwig stellten sich zu beiden Seiten der Tür auf, schüttelten jedem einzelnen der Gäste die Hand zum Abschied und wünschten fröhliche Weihnachten.

Während dieser ganzen Zeit hatte sich Scrooge wie ein Verrückter benommen. Sein Herz und seine Seele waren bei dem Ball und seinem früheren Selbst. Er freute sich über alles.

»Eine Kleinigkeit war's doch«, meinte der Geist, »diesen närrischen Leuten solche Dankbarkeit einzuflößen.«

»Eine Kleinigkeit!«, gab Scrooge zurück.

»Nun«, sprach der Geist, »er hat nur ein paar Pfund irdischen Mammons hingegeben.«

»Das ist's nicht«, sagte Scrooge, und wie sein früheres, nicht wie sein jetziges Selbst sprechend. »Das ist's nicht, Geist. Er hat die Macht, uns glücklich oder unglücklich, unsern Dienst zu einer Lust oder zu einer Bürde, zu einer Freude oder zu einer Qual zu machen.«

Er fühlte des Geistes Blick und schwieg.

»Was gibt's?«, fragte der Geist.

»Nichts, nichts«, sagte Scrooge. »Ich möchte nur eben jetzt ein paar Worte mit meinem Gehilfen sprechen. Das ist alles.«

Sein früheres Selbst löschte gerade die Lampen aus, als er diesen Wunsch aussprach, und Scrooge und der Geist standen wieder im Freien.

»Meine Zeit geht zu Ende«, sagte der Geist. »Schnell!«

Wieder sah Scrooge sich selbst. Er war jetzt älter geworden – ein Mann in der Blüte seiner Jahre. Sein Gesicht hatte noch nicht die schroffen, rauen Züge der späteren Jahre, doch in seinem Auge brannte schon ein ruheloses, habsüchtiges Feuer, das Zeugnis gab von der Leidenschaft, die in ihm Wurzeln geschlagen hatte. Er saß neben einem schönen jungen Mädchen. In ihren Augen standen Tränen.

»Es ist ohne Bedeutung«, sagte sie sanft, »und für Sie von gar keiner. Ein anderes Götzenbild hat mich verdrängt; und wenn es Sie in späterer Zeit trösten und aufrechterhalten kann, so habe ich keine Ursache zu klagen.«

»Welches Götzenbild hätte Sie verdrängt?«, erwiderte er.

»Ein goldenes. Alle Ihre andern Hoffnungen sind in der einen aufgegangen«, antwortete sie. »Ich habe Ihre edleren Bestrebungen eine nach

194

der andern verschwinden sehen, bis Sie ganz die eine Leidenschaft, die Gier nach Gold, erfüllte.«

»Und wenn es so wäre?«, antwortete er. »Wenn ich so viel klüger geworden wäre, was dann? Gegen Sie bin ich nie anders geworden.«

Sie schüttelte den Kopf. »Unser Bund wurde geschlossen, als wir beide arm und zufrieden waren. Sie haben sich aber verändert! Das, was uns Glück versprach, als wir noch ein Herz und eine Seele waren, muss uns Unglück bringen, da wir im Geiste nicht mehr eins sind. Wenn alles Frühere nicht zwischen uns geschehen wäre«, sagte das Mädchen, ihn mit sanftem Blicke ansehend, »würden Sie mich jetzt aufsuchen und um mich werben? Gewiss nicht! Soll ich glauben, dass Sie ein armes Mädchen wählen würden, wenn Sie frei wären? Nein, und deswegen gebe ich Ihnen Ihr Wort zurück: willig und um der Liebe dessentwillen, der Sie einst waren. Möge Sie alles Glück auf dem gewählten Lebensweg begleiten!«

Sie schieden.

»Geist«, sagte Scrooge, »zeig mir nichts mehr, führ mich nach Hause. Warum hast du Freude daran, mich zu quälen?«

»Noch einen Schatten«, rief der Geist aus.

»Nein«, rief Scrooge und rang verzweifelt die Hände. »Nein. Ich mag nichts mehr sehen. Zeig mir nichts mehr.«

Aber der erbarmungslose Geist hielt ihn mit beiden Händen fest und zwang ihn, zu betrachten, was als Nächstes geschah.

Sie befanden sich an einem anderen Ort, in einem Zimmer, nicht besonders groß oder schön, aber voller Behaglichkeit. Neben dem Kamin saß ein schönes junges Mädchen, das der, die Scrooge soeben gesehen hatte, so ähnlich war, dass er glaubte, es sei dieselbe, bis er diese, jetzt eine stattliche Matrone, der Tochter gegenüber sitzen sah. In dem Zimmer war ein wahrer Aufruhr, denn es befanden sich mehr Kinder darin, als Scrooge zählen konnte; und hier führten sich nicht vierzig Kinder wie eins auf, sondern jedes Kind wie vierzig. Die Folge davon war ein Lärm sondergleichen; aber Mutter und Tochter lachten herzlich und freuten sich darüber. Jetzt war ein Klopfen an der Tür vernehmbar, das einen allgemeinen Ansturm hervorrief, dem Vater entgegen, der nach Hause kam in Begleitung eines mit Weihnachtsgeschenken beladenen Mannes. Gab das ein Geschrei und Gedränge! Wie sie auf Stühlen an ihm hinaufstiegen, in seine Taschen guckten, die Papierpäckchen raubten, an seiner Halsbinde zupften, an seinem Halse hingen, ihm auf den Rücken trommelten und an die Beine stießen! Dann die begeisterten und frohlockenden Ausrufe, mit denen der Inhalt jedes Päckchens begrüßt wurde! Dies alles übertrifft jede Beschreibung. Es muss genügen, zu wissen, dass die Kinder endlich aus dem Zimmer kamen und über eine Treppe in den obersten Stock hinaufgingen, wo sie zu Bett gebracht wurden.

Und als Scrooge jetzt sah, wie sich der Herr des Hauses, die Tochter zärtlich an seine Seite geschmiegt, mit ihr und ihrer Mutter am Herd niedersetzte; und wie er dachte, dass ihn ein solches Wesen ebenso hoffnungsfroh hätte Vater nennen und wie der Frühling im öden Winter seines Lebens hätte sein können, da wurden seine Augen wirklich trübe.

»Belle«, sagte der Mann, sich lächelnd zu seiner Gattin wendend, »ich sah heut Nachmittag einen alten Freund von dir.«

»Wer war es?«

»Rate mal.«

»Wie kann ich das? Ach, jetzt ahne ich es«, fügte sie sogleich hinzu, lachend, und auch er lachte. »Mr. Scrooge.«

»Ja, Mr. Scrooge. Ich ging an seinem Kontorfenster vorüber; und da kein Laden davor war und Licht brannte, musste ich ihn sehen. Sein Kompagnon liegt im Sterben, hörte ich, und er war allein. Ganz allein in der weiten Welt, glaube ich.«

»Geist«, rief Scrooge mit bebender Stimme, »ich flehe dich an, führe mich weg von diesem Ort.«

»Ich sagte dir, dass dies Schatten vergangener Dinge sind«, sagte der Geist. »Gib nicht mir die Schuld, dass sie sind, wie sie sind.«

»Führe mich weg«, rief Scrooge aus. »Ich kann es nicht ertragen.«

Er wandte sich dem Geist zu, und wie er sah, dass er ihn mit einem Gesicht anblickte, in dem sich auf eine seltsame Weise all die Gesichter zeigten, die er bisher gesehen hatte, sank der Geist zusammen. Scrooge fühlte sich von einer unüberwindlichen Schläfrigkeit befallen und wusste, dass er in seinem eigenen Schlafzimmer war. Er fand gerade noch Zeit, in das Bett zu wanken, bevor er in tiefen Schlaf sank.

3. *Strophe* DER ZWEITE GEIST

Scrooge erwachte mitten in einem tüchtigen Geschnarche und setzte sich im Bett auf, um seine Gedanken zu sammeln. Diesmal musste ihm niemand sagen, dass es gerade eins sei. Er fühlte, dass er just zu der rechten Zeit und zu dem ausdrücklichen Zweck erwacht sei, um eine Zusammenkunft mit dem zweiten Boten zu haben.

Aber bei dem Gedanken, welche seiner Bettgardinen das neue Gespenst wohl zurückschlüge, wurde es ihm ganz unheimlich kalt und so schlug er sie mit seinen eigenen Händen zurück. Und ich darf vom Leser den Glauben fordern, dass Scrooge auf eine recht schöne Auswahl von Erscheinungen gefasst war und dass ihn nichts zwischen einem Wickelkind und einem Rhinozeros sonderlich in Verwunderung gesetzt hätte.

Eben weil er beinahe auf alles gefasst war, war er nicht vorbereitet, nichts zu sehen; und daher überfiel ihn ein heftiges Zittern, als die Glocke eins schlug und keine Gestalt erschien. Fünf Minuten, zehn Minuten, eine Viertelstunde vergingen, aber es kam nichts. Die ganze Zeit über lag er auf seinem Bett, über das sich der Strom eines rötlichen Lichtes ergoss, als die Glocke die Stunde verkündete. Endlich jedoch fing er an zu begreifen, dass die Quelle dieses geisterhaften Lichtes wohl in dem anliegenden Zimmer lag. Er stand leise auf und schlich in Pantoffeln zur Tür.

In demselben Augenblick, in dem sich Scrooges Hand auf die Klinke legte, rief ihn eine fremde Stimme beim Namen und hieß ihn eintreten. Er gehorchte.

Es war sein eigenes Zimmer. Daran war nicht zu zweifeln. Aber eine wunderbare Umwandlung war mit ihm vorgegangen. Wände und Decke waren ganz mit grünen Zweigen bedeckt, dass es aussah wie eine Laube, in der überall glänzende Beeren schimmerten. Die glänzenden, starren Blätter der Stechpalme, der Mistel und des Efeus warfen das Licht zurück und erschienen wie ebenso viele kleine Spiegel. Eine so gewaltige Flamme loderte die Esse hinauf, wie sie der Kamin zu Scrooges oder Marleys Zeit nicht gekannt hatte. Auf dem Fußboden waren zu einer Art von Thron Truthähne, Gänse, große Braten, Spanferkel, lange Reihen von Würsten, Pasteten, Plumpuddings, Austernfässchen, glühende Kastanien, rotbäckige Äpfel, saftige Orangen, appetitliche Birnen, gewaltige Stollen und brodelnde Punschbowlen

aufgehäuft, die das Zimmer mit köstlichen Gerü-
chen erfüllten. Auf diesem Thron saß behaglich und
mit fröhlichem Angesicht ein Riese, gar herrlich anzu-
schauen. In der Hand trug er eine brennende Fackel und
hielt sie steil in die Höhe.

»Nur herein«, rief der Geist. »Nur herein, und lerne
mich besser kennen.«

Scrooge trat schüchtern ein und senkte das Haupt,
und obgleich des Geistes Augen hell und mild glänzten, wünschte er, ihm doch nicht zu begegnen.

»Ich bin der Geist der diesjährigen Weihnachtsnacht«, sagte die Gestalt. »Sieh mich an.«

Scrooge tat es mit ehrfurchtsvollem Blick. Der Geist
war gekleidet in ein einfaches, dunkelgrünes Gewand,
mit weißem Pelz verbrämt. Die breite Brust war ent-
blößt, auch die Füße waren bloß und schauten unter
den weiten Falten des Gewandes hervor. Das Haupt
hatte keine andere Bedeckung als einen Stechpal-
menkranz, in dem hie und da Eiszapfen glänzten.
Seine dunkelbraunen Locken wallten ungebunden
auf die Schultern.

»Du hast meinesgleichen tatsächlich nie vorher
gesehen«, rief der Geist.

»Niemals«, entgegnete Scrooge.

»Hast dich nie mit den jüngern Gliedern meiner
Familie abgegeben; ich meine – denn ich bin sehr
jung – meine älteren Brüder, die in den vergangenen
Jahren geboren worden sind?«, fuhr das Phantom
mit fast ungläubiger Stimme fort.

»Ich glaube nicht«, sagte Scrooge. »Doch es tut
mir leid, es nicht getan zu haben. Hast du denn sehr
viele Brüder gehabt, Geist?«

»Mehr als achtzehnhundert«, sagte dieser.

»Eine schrecklich große Familie, wenn man für
sie zu sorgen hat«, murmelte Scrooge.

Der Geist der diesjährigen Weihnacht erhob sich.

»Geist«, sagte Scrooge demütig, »führe mich, wohin du willst. Gestern Nacht wurde ich durch Zwang hinausgeführt, heute bin ich bereit zu folgen, und wenn du mich etwas zu lehren hast, will ich gern hören.«

»Berühre denn mein Gewand.«

Scrooge tat, wie ihm geheißen und hielt es fest.

Das Zimmer verschwand, das Feuer, der rötliche Schimmer, die nächtliche Stunde, und sie standen in den Straßen der Stadt, am Morgen des Weihnachtstages, wo die Leute – denn es war sehr kalt – eine raue, aber fröhliche und nicht unangenehme Musik machten, indem sie den Schnee von dem Straßenpflaster und den Dächern der Häuser zusammenfegten. Und daneben standen die Kinder und freuten sich und kreischten, wenn die Schneelawinen von den Dächern herunterstürzten und in künstliche Schneestürme zerstoben. Auf den Straßen war der Schnee von den schweren Rädern der Wagen und Karren in tiefe Furchen gepflügt; Furchen, die sich hundert- und aberhundertmal kreuzten. Der Himmel war trübe, und selbst die kürzesten Straßen schienen sich in einem dicken Nebel zu verlieren, dessen schwerere Teile in einem rußigen Regen niederfielen, als hätten alle Essen von England sich auf einmal entzündet und qualmten jetzt nach Herzenslust. Es war in der ganzen Umgebung nichts Heiteres, und doch waren die Leute, die den Schnee von den Dächern schaufelten, lustig und mutwilliger Laune. Die Läden der Geflügelhändler waren noch offen und die der Fruchthändler strahlten in heller Freude. Da sah man große runde, dickbäuchige Körbe mit Kastanien an den Türen lehnen oder in ihrem Überfluss auf die Straße rollen. Da sah man braune, umfängliche spanische Zwiebeln, in ihrer Fettigkeit spanischen Mönchen gleichend und mutwillig den Mädchen winkend, die vorübergingen und verschämt nach dem Mistelzweig schielten. Da sah man Birnen und Äpfel zu Pyramiden aufeinandergepackt. Die Kaufenden waren alle so eifrig und eilig in der Vorfreude auf das Fest, dass sie in der Türe gegeneinanderrannten und mit ihren Körben zusammenstießen. Aber bald riefen die Glocken nach den Kirchen und Kapellen, und die Leute gingen in ihren besten Kleidern und mit ihren feiertäglichsten Gesichtern durch die Straßen. Und zu derselben Zeit strömten aus den Nebenstraßen und Gässchen und namenlosen Winkeln zahllose Leute, die ihr Mittagessen in die Backstuben trugen.

Der Geist blieb mit Scrooge neben eines Bäckers Tür stehen, und während er die Deckel von den Schüsseln nahm, als die Träger vorübergingen, bestreute er ihr Mahl mit dem Weihrauch seiner Fackel. Und es war eine gar wunderbare Fackel, denn ein paarmal, als einige von den Leuten zusammengerannt waren und darüber heftige Worte fielen, besprengte er sie, und ihre gute Laune kehrte augenblicklich wieder. Denn sie sagten, es sei eine Schande, sich am Weihnachtstag zu zanken.

»Ist eine besondere Kraft in dem, was deine Fackel ausstreut?«, fragte Scrooge und mochte seinen Blick nicht von den fröhlichen Leuten wenden.

»Ja. Meine eigene.«

»Und wirkt sie auf jedes Mittagsmahl an diesem Tag?«, fragte Scrooge.

»Auf jedes, sofern es gern gegeben wird. Auf ein ärmliches am meisten.«

»Warum auf ein ärmliches am meisten?«

»Weil das meiner Kraft am meisten bedarf.«

Sie gingen weiter in die Vorstadt, geradewegs zu Scrooges Gehilfen. Auf der Schwelle stand der Geist lächelnd still und segnete Bob Cratchits Wohnung mit seiner Fackel. Denkt doch! Bob hatte nur fünfzehn »Bobs« (wie man bei uns den Shilling nennt) die Woche; er steckte sonnabends nur fünfzehn seiner Namensvettern in die Tasche, und doch segnete der Geist der diesjährigen Weihnacht sein Haus.

Im Zimmer stand Mr. Cratchits Frau in einem ärmlichen, zweimal gewendeten Kleid, schön aufgeputzt mit Bändern. Sie deckte den Tisch, und Belinda, ihre zweite Tochter, half ihr dabei, während Peter Cratchit mit der Gabel in eine Schüssel voll Kartoffeln stach und die Spitzen seines ungeheuren Hemdkragens – Bobs Privateigentum, seinem großen Sohn zu Ehren des Festes geliehen – in den Mund nahm. Jetzt kamen die zwei kleinen Cratchits, ein Mädchen und ein Knabe, hereingesprungen und schrien, dass sie an des Bäckers Tür die gebratene Gans gerochen und gewusst hätten, es sei ihre eigene. Sie tanzten um den Tisch, während Peter Cratchit in das Feuer blies, bis die Kartoffeln aufwallten und an den Topfdeckel klopften, dass man sie herauslassen und schälen möge.

»Wo nur der Vater bleibt?«, fragte Mrs. Cratchit. »Und dein Bruder Tiny Tim; und Martha kam vorige Weihnachten eine halbe Stunde früher.«

»Hier ist Martha, Mutter«, sagte ein Mädchen, zur Tür hereintretend.

»Hier ist Martha, Mutter«, riefen die beiden kleinen Cratchits.

»Wie spät du kommst!«, sagte Mrs. Cratchit, sie mehrmals küssend und ihr mit zutraulichem Eifer Schal und Hut abnehmend. »Setz dich ans Feuer, liebes Kind, und wärme dich.«

»Nein, nein, der Vater kommt«, riefen die beiden kleinen Cratchits, die überall zu gleicher Zeit waren. »Versteck dich, Martha, versteck dich!«

Martha versteckte sich, und jetzt trat Bob herein, der Vater. Wenigstens drei Fuß, ungerechnet der Fransen, hing der Schal auf seine Brust herab, und seine abgetragenen Kleider waren geflickt. Tiny Tim saß auf seiner Schulter. Der arme Tiny Tim! Er trug eine kleine Krücke, und seine Glieder wurden von eisernen Schienen gestützt.

»Nun, wo ist unsere Martha?«, rief Bob Cratchit und schaute im Zimmer herum.

»Sie kommt nicht«, sagte Mrs. Cratchit.

»Sie kommt nicht?«, sagte Bob mit einem plötzlichen Absinken seiner fröhlichen Laune; denn er war den ganzen Weg von der Kirche Tims Pferd gewesen und in vollem Laufe nach Hause gerannt.

Martha wollte ihm keinen Schmerz verursachen, selbst nicht aus Scherz, und so trat sie hinter der Tür hervor und schlang die Arme um seinen Hals, während die beiden kleinen Cratchits sich Tiny Tims bemächtigten und ihn nach dem Waschhaus trugen, damit er den Pudding im Kessel singen höre.

»Und wie hat sich der kleine Tim aufgeführt?«, fragte Mrs. Cratchit.

»Wie ein Goldkind«, sagte Bob. »Ich weiß nicht, wie es kommt, aber er wird jetzt so träumerisch vom Alleinsitzen und sinnt sich die seltsamsten Dinge zurecht. Heute, als wir nach Hause gingen, sagte er, er hoffe, die Leute sähen ihn in der Kirche, denn er sei ein Krüppel, und es wäre vielleicht gut für sie, sich am Christtag an den zu erinnern, der einst Lahme gehen und Blinde sehen machte.«

Bobs Stimme zitterte, als er dies sagte, und zitterte noch mehr, als er hinzufügte, dass Tiny Tim stärker und gesünder werden würde.

Man hörte jetzt seine kleine Krücke auf dem Fußboden, und ehe noch mehr gesprochen ward, war Tim wieder da und wurde von seinem Bruder und seiner Schwester nach seinem Stuhl neben dem Feuer geführt. Während jetzt Bob, seine Rockaufschläge zur Schonung in die Höhe krempelnd, in einer Bowle aus Gin und Zitronen eine heiße Mischung zubereitete, gingen Peter und die zwei kleinen Cratchits die Gans holen, mit der sie bald in feierlichem Zug zurückkehrten.

Daraufhin erhob sich ein solcher Lärm, als wäre eine Gans der seltenste aller Vögel, ein gefiedertes Wunder – und wirklich war sie es auch in diesem Hause. Mrs. Cratchit ließ die Bratenbrühe aufwallen, Mr. Cratchit schmorte die Kartoffeln mit unglaublichem Eifer, Miss Belinda machte die Apfelsauce süß, Martha wischte die gewärmten Teller ab, Bob nahm Tiny Tim neben sich in eine behagliche Ecke am Tisch, die beiden kleinen Cratchits stellten die Stühle zurecht und nahmen ihren Posten ein, den Löffel in den Mund steckend, um nicht nach der Gans zu schreien, ehe die Reihe an sie kam.

Endlich wurde das Gericht aufgetragen und das Tischgebet gesprochen. Darauf folgte eine atemlose Pause, als Mrs. Cratchit das Vorschneidemesser langsam von der Spitze bis zum Heft betrachtete und sich anschickte, es der Gans in die Brust zu stoßen. Als sie es tat und sich der lang erwartete Strom der Füllung ergoss, ertönte um den ganzen Tisch ein freudiges Gemurmel, und selbst Tiny Tim rief ein schwaches Hurra.

Bob sagte, er glaube nicht, dass jemals eine solche Gans gebraten worden sei. Ihre Zartheit, ihr Fett und ihre Größe wurden bewundert. Und als Mrs. Cratchit einen einzigen kleinen Knochen noch auf der Schüssel liegen sah, sagte sie mit großer Freude, sie hätten doch nicht alles aufgegessen!

Aber jeder von ihnen hatte genug, und die kleinen Cratchits waren bis an die Augenbrauen mit Salbei und Zwiebeln eingesalbt. Jetzt wurden die Teller von Miss Belinda gewechselt, und Mrs. Cratchit verließ das Zimmer, um den Pudding herauszunehmen und hereinzubringen.

Wenn er nicht ausgebacken wäre! Wenn er beim Herausnehmen in Stücke zerfiele! Wenn jemand über die Mauer des Hinterhauses geklettert wäre und ihn gestohlen hätte – ein Gedanke, bei dem die beiden kleinen Cratchits vor Schrecken bleich wurden.

Hallo, eine Dampfwolke! Der Pudding war aus dem Kessel genommen. Ein Geruch wie an einem Waschtag! Das war die Serviette. Ein Geruch wie in einem Speisehaus, mit einem Pastetenbäcker auf der einen und einer Wäscherin auf der andern Seite! Das war der Pudding. Nach einer halben Minute trat Mrs. Cratchit herein, aufgeregt, aber stolz lächelnd und den Pudding vor sich hertragend, der hart und fest wie eine gefleckte

Kanonenkugel in einem Viertelquart Rum flammte und in der Mitte mit der festlichen Stechpalme geschmückt war.

Endlich waren sie mit dem Essen fertig, der Tisch war abgedeckt, der Herd gesäubert und das Feuer geschürt. Das Gemisch im Krug wurde gekostet und für fertig erklärt, Äpfel und Apfelsinen auf den Tisch gesetzt und ein paar Hände voll Kastanien auf das Feuer geschüttet. Dann setzte sich die ganze Familie Cratchit um den Kamin in einem Kreis, wie es Bob Cratchit nannte, obgleich es eigentlich nur ein Halbkreis war, Bob in die Mitte und neben ihm der Gläservorrat der Familie: zwei Biergläser und ein Milchgläschen ohne Henkel.

Dann schlug Bob den Toast vor. »Uns allen eine fröhliche Weihnacht, meine Lieben! Gott segne uns!«

Die ganze Familie wiederholte den Toast.

»Gott segne jeden von uns!«, sagte Tiny Tim. Er saß dicht neben dem Vater auf seinem Stühlchen, Bob hielt seine kleine welke Hand in der seinigen; man sah, dass er das Kind liebte und wünschte, es bei sich zu behalten, aber fürchtete, es könnte ihm bald genommen werden.

»Geist«, sprach Scrooge mit einer Teilnahme, wie er sie noch nie empfunden hatte, »sag mir, wird Tiny Tim am Leben bleiben?«

»Ich sehe einen leeren Stuhl in der Kaminecke«, antwortete der Geist, »und eine Krücke ohne Besitzer, sorgfältig aufbewahrt. Wenn die Zukunft diese Schatten nicht ändert, wird das Kind sterben.«

»Nein, nein«, drängte Scrooge. »Ach nein, guter Geist, sag, dass es am Leben bleiben wird.«

Scrooge schlug die Augen nieder, aber er blickte schnell wieder in die Höhe, als er seinen Namen nennen hörte.

»Es lebe Mr. Scrooge!«, sagte Bob. »Mr. Scrooge, der Schöpfer dieses Festes!«

»Der Schöpfer dieses Festes, wahrhaftig!«, rief Mrs. Cratchit mit glühendem Gesicht. »Ich wollte, ich hätte ihn hier. Ich wollte ihm ein Stück von meiner Meinung zu kosten geben, und ich hoffe, sie würde ihm schmecken.«

»Liebe Frau«, sagte Bob beschwichtigend, »die Kinder! – Es ist Weihnachten.«

»Freilich muss es Weihnachten sein«, sagte sie, »wenn man auf die Gesundheit eines so fühllosen Menschen, wie Scrooge ist, trinken kann!«

»Liebe Frau«, antwortete Bob mild, »es ist Weihnachten.«

»Ich will auf seine Gesundheit trinken, dir und dem Feste zu Gefallen«, sagte Mrs. Cratchit. »Möge er lange leben! Ein fröhliches Weihnachten und ein glückliches neues Jahr!«

Die Kinder tranken nach ihr. Es war das Erste, was sie an diesem Abend ohne Herzlichkeit und Wärme taten. Scrooge war das Schreckbild der Familie. Die Erwähnung seines Namens warf über alle einen düsteren Schatten.

Bob Cratchit erzählte, dass er eine Stelle für Peter in Aussicht habe, die diesem ganze fünf und einen halben Shilling wöchentlich eintragen werde. Die beiden kleinen Cratchits lachten fürchterlich bei dem Gedanken, Peter als Geschäftsmann zu sehen.

Martha, die bei einer Putzmacherin Gehilfin war, erzählte ihnen, was für Arbeit sie jetzt mache und wie sie morgen früh auszuschlafen gedenke; denn morgen war für sie ein Feiertag. Während dieser ganzen Zeit gingen Punsch und reife Kastanien um, und dazwischen sang Tiny Tim mit seiner klagenden Stimme ein Lied von einem Kind, das sich im Schnee verlaufen; und sang es recht hübsch.

Als ihre Gestalten verblichen und in dem scheidenden Lichte der Fackel des Geistes noch glücklicher aussahen, verweilte Scrooges Auge immer noch auf ihnen und hing vor allem an Tiny Tim.

Es war jetzt ganz dunkel geworden, und es fiel ein starker Schnee; und als Scrooge und der Geist durch die Straßen gingen, leuchtete der Glanz der lodernden Feuer in Küchen, Putzstuben und Gemächern aller Art über alle Maßen wundervoll. Hier zeigte die flackernde Flamme die Vorbereitungen zu einem traulichen Mahl, die heißen Teller, wie sie sich vor dem Feuer durch und durch wärmten, und die dunkelroten Gardinen, bereit, Kälte und Nacht auszuschließen. Dort liefen alle Kinder des Hauses auf die verschneite Straße hinaus, ihren verheirateten Schwestern, Brüdern, Vettern, Basen, Onkeln und Tanten entgegen, um sie zuerst zu begrüßen. Hier zeigten sich an den Fenstern Schatten versammelter Gäste; dort eine Gruppe hübscher Mädchen in Pelzkragen und Pelzstiefeln, alle zugleich redend und mit leichten Schritten in eines Nachbars Haus eilend.

Wenn man nach der Zahl der Leute hätte urteilen wollen, die zu freundschaftlichen Besuchen eilten, hätte man glauben mögen, es sei niemand da, sie zu bewillkommnen. Aber stattdessen erwartete jedes Haus Gäste und in jedem Kamin loderte die Flamme. Wie sich der Geist freute! Wie er seine breite Brust entblößte und seine volle Hand auftat und dahinschwebte, freigebig seine heitere und harmlose Fröhlichkeit über alles in seinem Bereich ausschüttend! Selbst der Laternenanzünder, der durch die dunklen Straßen rannte, um ihre trüben Nebel mit Licht zu erhellen, und der bereits herausgeputzt war, um den Abend irgendwo zuzubringen, lachte laut auf, als er den Geist vorüberschweben fühlte.

Der Geist befahl Scrooge, sich an seinem Gewand zu halten.

Eine große Überraschung war es für Scrooge, plötzlich ein herzliches Lachen zu vernehmen. Noch größer war Scrooges Überraschung, als er darin das Lachen seines eigenen Neffen erkannte und sich in einem hellen, behaglich warmen Zimmer wiederfand, während der Geist an seiner Seite stand und mit beifälligem Lächeln auf diesen Neffen herabblickte.

»Haha!«, lachte Scrooges Neffe und hielt sich den Bauch und schnitt die allermerkwürdigsten Gesichter. Und Scrooges Nichte lachte so herzlich wie er. Und die versammelten Freunde fielen in den Lachchor ein.

»Er sagte, Weihnachten sei dummes Zeug, so wahr ich lebe«, rief Scrooges Neffe. »Und er glaubt es auch.«

»Die Schande ist um so größer für ihn, Fred«, sagte Scrooges Nichte entrüstet. Gott segne die Frauen! Sie tun nie etwas halb. Sie sind immer in vollem Ernst.

»Er ist ein komischer alter Herr«, sagte Scrooges Neffe, »das ist wahr. Doch seine Fehler bestrafen nur ihn selbst, und ich habe keinen Grund, etwas gegen ihn zu sagen.«

»Er muss doch sehr reich sein, Fred«, meinte Scrooges Nichte. »Wenigstens sagst du es immer.«

»Und wenn schon, Liebste!«, sprach der Neffe. »Sein Reichtum nützt ihm nichts. Er tut nichts Gutes damit. Er macht sich selbst nicht einmal das Leben damit angenehm. Er hat nicht einmal das Vergnügen zu denken – hahaha –, dass er uns am Ende damit eine Freude machen wird.«

»Ich habe keine Geduld mit ihm«, bemerkte Scrooges Nichte. Die Schwester von Scrooges Nichte und alle die andern Damen waren derselben Meinung.

»Oh, ich habe Geduld«, sagte Scrooges Neffe. »Mir tut er leid. Jetzt hat er sich's in den Kopf gesetzt, uns nicht leiden zu können, und will unsere

Einladung zum Mittagessen nicht annehmen. Was ist die Folge davon? Er verliert nicht viel an unserm Essen.«

»Nun, ich meine, er verliert ein sehr gutes Essen«, unterbrach ihn Scrooges Nichte. Die andern sagten dasselbe, und man konnte ihr Urteil darüber nicht bestreiten, weil sie eben zu essen aufgehört hatten und jetzt mit dem Nachtisch bei Lampenlicht um den Kamin saßen.

»Nun, es freut mich, das zu hören«, sagte Scrooges Neffe, »weil ich kein großes Vertrauen in diese jungen Hausfrauen und ihre Kochkünste setze. Was sagen Sie dazu, Topper?«

Ganz klar war's, Topper hatte ein Auge auf eine der Schwestern von Scrooges Nichte geworfen, denn er antwortete, ein Junggeselle sei ein unglücklicher, heimatloser Mensch, der kein Recht habe, eine Meinung darüber auszusprechen: Worte, bei denen die Schwester von Scrooges Nichte – die Runde mit dem Spitzkragen, nicht die mit der Rose im Haar – rot wurde und die Scrooges Neffen wieder ein heiteres Lachen entlockten.

»Weiter, weiter, Fred!«, sagte Scrooges Nichte, in die Hände klatschend. »Er bringt nie zu Ende, was er angefangen hat!«

Scrooges Neffe schwelgte in einem andern Gelächter, und es war unmöglich, sich von der Ansteckung fernzuhalten, obgleich es die runde Schwester sogar mit Riechsalz versuchte; sein Beispiel wurde einstimmig nachgeahmt.

Nach dem Tee kam Musik an die Reihe. Denn es war eine musikalische Familie, und sie wussten, was sie taten, wenn sie einen Glee oder Catch sangen, darauf könnt ihr euch verlassen, namentlich Topper, der den Bass nach Noten brummen konnte, ohne dass die großen Adern auf der Stirn anschwollen oder sich sein Gesicht rötete. Scrooges Nichte spielte die Harfe recht gut und spielte auch ein kleines Liedchen, das jenes Kind oft gesungen hatte, von dem Scrooge aus der Schule geholt worden war. Als Scrooge dies Liedchen hörte, trat alles, was ihm der Geist gezeigt hatte, abermals vor seine Seele: Er wurde weicher und weicher und dachte, wenn er es vor Jahren hätte oft hören können, so hätte er die freundlichen Seiten des Lebens genießen können, ohne erst von Marleys Geist aufgesucht und belehrt werden zu müssen.

Aber sie widmeten nicht den ganzen Abend der Musik. Nach einer Weile fingen sie Pfänderspiele an, denn es ist gut, zuweilen Kind zu sein, und vorzüglich zu Weihnachten, da der Urheber dieses Festes selbst noch ein Kind war. Doch halt, erst spielten sie Blindekuh.

Scrooges Nichte nahm nicht teil an dem Blindekuhspiel, sondern saß gemütlich in einem Lehnstuhl mit einem Fußbänkchen davor, und der Geist und Scrooge standen dicht hinter ihr. Aber bei den Pfänderspielen tat sie mit, und auch in dem Spiel »Wie, Wann und Wo« war sie sehr tüchtig und stellte zur geheimen Freude von Scrooges Neffen ihre Schwestern gar sehr in den Schatten, obgleich sie auch ganz gescheite Mädchen waren, wie es uns Topper hätte versichern können. Es mochten ungefähr zwanzig Personen da sein, junge und alte, aber sie spielten alle, und auch Scrooge spielte mit; denn in seiner Teilnahme an den Vorgängen ganz vergessend, dass ihnen seine Stimme nicht hörbar war, gab er oft seine Antwort auf die Fragen ganz laut und riet auch manches Mal ganz richtig. Dem Geist gefiel es gut, ihn in dieser Laune zu sehen, und er blickte ihn so freundlich an, dass ihn Scrooge wie ein Knabe bat, noch warten zu dürfen, bis die Gäste fortgingen. Aber der Geist sagte, dies könne nicht geschehen.

»Es fängt ein neues Spiel an«, sagte Scrooge. »Nur eine einzige halbe Stunde, Geist, gestatte mir zu verweilen.«

Es war ein Spiel, das man »Ja und Nein« nennt, wo Scrooges Neffe sich jemanden zu denken hatte und die anderen erraten mussten, wen; auf ihre Fragen brauchte er dann nur mit Ja oder Nein zu antworten. Die schnell aufeinanderfolgenden Fragen ergaben denn endlich, dass er sich ein Geschöpf vorstellte – ein lebendiges Wesen, ein wildes Geschöpf, das zuweilen brumme und zuweilen spreche und sich in London aufhalte und in den Straßen herumlaufe und nicht für Geld gezeigt und nicht herumgeführt werde und nicht in einer Menagerie sei und weder ein Pferd, noch ein Esel, noch ein Ochs, noch ein Tiger sei. Bei jeder neuen Frage, die ihm gestellt wurde, brach Scrooges Neffe in ein Gelächter aus, so dass er vom Sofa aufstehen und mit den Füßen stampfen musste.

Endlich rief die runde Schwester unter Gelächter: »Ich habe es, Fred, ich weiß es, ich weiß es. Es ist Onkel Scrooge.«

Und der war es auch.

»Nun, er hat uns Freude genug gemacht«, sagte Fred, »und so wäre es undankbar, nicht auf seine Gesundheit zu trinken. Hier ist ein Glas Glühwein dazu bereit. Es lebe Onkel Scrooge!«

»Es lebe Onkel Scrooge!«, stimmten alle ein.

»Fröhliche Weihnachten und ein glückliches Neujahr dem Alten, sei er, wie er wolle!«, sagte Scrooges Neffe.

Dem Onkel Scrooge war es unmerklich so fröhlich und leicht zu Sinne geworden, dass er der von seiner Gegenwart nichts ahnenden Gesellschaft ihren Toast erwidert und mit einer unhörbaren Rede gedankt haben würde, hätte ihm der Geist Zeit dazu gelassen. Aber alles verschwand im Hauch der Worte des Neffen, und Scrooge und der Geist waren schon wieder unterwegs. Sie gingen weit und sahen viel und besuchten manchen Herd, aber immer spendeten sie Glück.

Es war eine lange Nacht, wenn es nur eine Nacht war; aber Scrooge zweifelte daran, denn die Weihnachtsfeiertage schienen in die Zeit, in der sie miteinander verrannen, zusammengedrängt zu sein. Es war auch sonderbar, dass der Geist offenbar älter wurde. Als sie von einer Kinderweihnachtsgesellschaft weggingen, bemerkte er, dass des Geistes Haar schnell grau geworden war.

»Ist das Leben der Geister so kurz?«, fragte Scrooge.

»Mein Leben ist sehr kurz auf dieser Erde«, sagte der Geist, »es endet noch in dieser Nacht.«

»In dieser Nacht noch!«, rief Scrooge.

»Heute um Mitternacht. Horch, die Zeit nahet schon.«

Die Glocke schlug zwölf.

Scrooge sah sich um nach dem Geiste, aber er war verschwunden. Als der letzte Schlag verklungen war, erinnerte er sich an die Vorhersagung des alten Jacob Marley und sah, die Augen erhebend, ein grauenerregendes, tief verhülltes Gespenst auf sich zukommen, wie ein Nebel auf dem Boden dahinzurollen pflegt.

4. *Strophe* DER LETZTE GEIST

Die Erscheinung kam langsam, feierlich, schweigend auf ihn zu. Als sie herangekommen war, fiel Scrooge auf die Knie nieder, denn selbst die Luft, durch die sich der Geist bewegte, schien geheimnisvolles Grauen um sich zu verbreiten. Die Erscheinung war verhüllt in einem schwarzen, weiten

Mantel, der nichts von ihr sehen ließ als eine ausgestreckte Hand. Der Geist sprach und bewegte sich nicht.

»Ich stehe vor dem Geist der zukünftigen Weihnacht?«, fragte Scrooge.

Der Geist antwortete nicht, sondern wies mit der Hand zur Erde hinab.

»Du willst mir die Schatten der Dinge zeigen, die noch nicht geschehen sind, aber noch geschehen werden?«, fuhr Scrooge fort. »Willst du das, Geist?«

Der obere Teil der Verhüllung bauschte sich auf einen Augenblick in Falten, als ob der Geist sein Haupt neige; dies war die einzige Antwort, die Scrooge erhielt.

Obgleich schon recht gut an gespenstische Gesellschaft gewöhnt, bangte Scrooge vor der stummen Erscheinung doch so sehr, dass seine Knie wankten, als er sich ihr zu folgen bereit machte. Der Geist stand für einen Augenblick still, als bemerke er die Furcht seines Begleiters und als wolle er ihm Zeit lassen, sich zu erholen. Die Erscheinung bewegte sich ebenso von ihm weg, wie sie auf ihn zugekommen war. Scrooge folgte dem Schatten ihres Gewandes, der ihn aufhob und von dannen trug.

Es war kaum, als ob sie in die Stadt träten; eher schien die Stadt rings um sie her in die Höhe zu wachsen und sie zu umdrängen. Aber sie waren doch mitten in ihrem Herzen, auf der Börse unter den Kaufleuten, die geschäftig hin und her eilten und mit dem Geld in ihren Taschen klimperten.

Der Geist begab sich zu einer Gruppe von Kaufleuten und wies auf sie; daher näherte sich Scrooge ihnen, um ihr Gespräch zu belauschen.

»Nein, ich weiß nicht viel davon zu sagen«, sagte ein großer, fetter Mann mit einem ungeheuren Doppelkinn. »Ich weiß nur, dass er tot ist.«

»Wann starb er denn?«, fragte ein anderer.

»Vorige Nacht, glaub ich.«

»Ich dachte, der würde nie sterben«, mischte sich ein Dritter ein, der dabei eine große Prise aus einer sehr großen Dose nahm.

»Weiß Gott«, sagte der Erste und gähnte.

»Was hat er mit seinem Geld angefangen?«, fragte ein Herr mit einem roten Gesicht und einem Auswuchs an der Nasenspitze.

»Ich habe nichts davon gehört«, sagte der Mann mit dem fetten Doppelkinn, und gähnte abermals. »Hat es wahrscheinlich seiner Firma hinterlassen. Mir hat er's nicht vermacht. Das weiß ich.«

Dieser reizende Scherz wurde mit einem allgemeinen Gelächter begrüßt. Sprecher und Zuhörer gingen lachend auseinander.

Die Erscheinung schwebte weiter und hinaus auf die Straße.

Ihre Hand wies auf zwei sich begegnende Personen. Und wieder hörte Scrooge zu, in der Hoffnung, jetzt die Erklärung zu finden. Denn er kannte auch diese Leute recht gut. Es waren Kaufleute, sehr reich und von großem Ansehen. Er hatte sich immer bestrebt, in ihrer Achtung zu bleiben, das heißt in Geschäftssachen, rein in Geschäftssachen.

»Wie geht's?«, sagte der eine.

»Wie geht's Ihnen?«, der andere.

»Gut«, erwiderte der Erste. »Der alte Knauser ist endlich tot, wissen Sie es schon?«

»Ich hörte es«, antwortete der Zweite. »Es ist kalt heute, wie sich's zu Weihnachten schickt, nicht wahr?«

Kein Wort weiter. So trafen sie sich, so trennten sie sich, und gingen ihrer Wege.

Scrooge war erst zu staunen geneigt, dass der Geist auf anscheinend so unbedeutende Gespräche ein Gewicht zu legen schien; aber sein Gefühl sagte ihm, dass sie eine verborgene Bedeutung haben müssten. Schon auf der Börse sah er sich nach seinem Selbst um; aber ein anderer stand in seiner gewohnten Ecke. Sie verließen darauf die geschäftige Umgebung und gingen in einen abgelegenen Teil der Stadt, wo Scrooge nie vorher gewesen war, dessen Lage und schlechten Ruf er aber kannte. Die Straßen waren schmutzig und eng, die Läden und Häuser ärmlich, die Menschen betrunken, barfuß, hässlich. Das ganze Viertel schien erfüllt von Verbrechen, Unrat und Elend.

In einem der tiefsten Winkel dieses Zufluchtsorts befand sich ein niedriger, dunkler Laden, in dem Eisen, Lumpen, Flaschen, Knochen und Fleischabfälle verkauft wurden. Auf dem Fußboden lagen Haufen verrosteter Schlüssel, Nägel, Ketten und altes Eisen aller Art, Berge widerlicher Lumpen und ganze Beinhäuser von Knochen. Mitten unter seinen Waren saß ein grauhaariger, fast siebzigjähriger Schelm und rauchte voll Behagen seine Pfeife.

Scrooge und die Erscheinung traten neben diesen Mann, als eine Frau mit einem schweren Bündel in den Laden schlich. Kaum war sie eingetreten, als ihr eine zweite Frau, auch mit einem Bündel, folgte, und dieser dicht auf den Fersen ein Mann in einem alten, schwarzen, abgetragenen Anzug, der nicht weniger vor dem Anblick der beiden erschrak, als diese voreinander erschrocken waren. Nach einigen Augenblicken wortlosen Staunens brachen sie alle drei in ein lautes Gelächter aus.

»Sage jemand, die Leichenwäscherin würde die Erste sein«, rief die Frau, die zuerst eingetreten war. »Sage jemand, die Wärterin würde die Zweite sein, und nenne jemand den Sargträger den Dritten. He, Joe, wie sich das fügt! Wir treffen uns hier alle drei, ohne dass wir uns verabredet haben.«

»Ihr hättet euch an keinem bessern Ort treffen können«, sagte der alte Joe, die Pfeife aus dem Mund nehmend. »Kommt in den Salon.«

Die gute Stube war ein Raum hinter einem Lumpenvorhang. Der Alte schob den Docht seiner qualmigen Lampe, denn es war Abend, mit dem Pfeifenstiel in die Höhe. Während er damit beschäftigt war, warf die zuerst eingetretene Frau ihr Bündel auf den Boden und setzte sich protzig auf einen Stuhl; dann legte sie die Hände auf die Knie und sah die beiden andern herausfordernd an.

»Nun, was ist dabei, was ist schon dabei, Mrs. Dilber? Jeder hat das Recht, für sich zu sorgen. Und er tat es immer.«

»Das ist wahr«, sagte die Waschfrau. »Keiner tat es eifriger.«

»Na, warum gafft ihr da einander an, als hättet ihr Bange, wer der Schlauere sei?«, warf Joe ein.

»Na, gut denn«, rief die Frau. »Wem schadet's, wenn wir so ein paar Sachen mitnehmen wie die hier? Einer Leiche gewiss nicht.«

»Nein, gewiss nicht«, lachte Mrs. Dilber.

»Wenn er sie noch nach dem Tode behalten wollte wie ein alter Geizhals«, fuhr die Frau fort, »warum war er nicht besser zu seinen Lebzeiten? Dann hätte er auch jemanden um sich gehabt, als er starb.«

»Es ist das wahrste Wort, das je gesprochen wurde«, bestätigte Mrs. Dilber. »Mach das Bündel auf, Joe, und sag mir, was es wert ist.«

Aber der Mann in dem abgetragenen schwarzen Rock brachte seine Beute zuerst. Es war nicht viel los damit: ein oder zwei Petschafte, ein silberner Bleistift, ein Paar Hemdknöpfe und eine Brosche von geringem Wert. Die Gegenstände wurden von dem alten Joe untersucht und geschätzt, worauf er die Summe, die er für das Einzelne bezahlen wollte, an die Wand schrieb.

»Das ist Eure Rechnung«, sagte Joe, »und ich gebe keinen Sixpence mehr. Wer kommt jetzt?«

Mrs. Dilber war die Nächste. Sie hatte Bett- und Handtücher, einige Kleidungsstücke, zwei altmodische silberne Teelöffel, eine Zuckerzange und einige Paar Stiefel. Ihre Rechnung wurde von Joe auf dieselbe Weise an die Wand geschrieben.

»Damen gebe ich immer zu viel. Es ist meine Schwäche, und ich richte mich damit zugrunde«, sagte der alte Joe. »Hier ist Eure Rechnung.«

»Und nun mach mein Bündel auf, Joe«, drängte die Erste.

Joe kniete nieder, um bequemer das Bündel zu öffnen.

»Was ist das?«, staunte er. »Bettgardinen!«

»Ja«, rief das Weib lachend und sich vorbeugend. »Bettgardinen!«

»Ihr wollt doch nicht sagen, Ihr hättet sie heruntergenommen, wie er dort lag?«, sagte Joe.

»Ih, freilich«, sagte das Weib. »Ich werde doch wahrhaftig meine Hand nicht leer einstecken, wenn ich sie nur auszustrecken brauche, um was zu kriegen, um so eines Mannes willen, wie der war. – Lass kein Öl auf die Bettdecke tropfen.«

»Seine Bettdecke?«, fragte der alte Joe.

»Von wem soll sie denn sonst sein?«, entgegnete das Weib. »Er wird auch ohne die nicht frieren, das behaupte ich. Und hier, Ihr könnt durch das Hemd gucken, bis Euch Eure Augen weh tun: Ihr findet kein Loch darin. Es ist das Beste, was er hatte. Sie hätten's verdorben, wenn ich nicht gewesen wäre.«

»Was meint Ihr mit verderben?«, fragte der alte Joe.

»Nun, ihm das Hemd in das Grab mitgeben, was sonst?«, erwiderte die Frau lachend. »Es war da einer dumm genug, es ihm anzuziehen, aber ich zog's ihm wieder aus.«

Scrooge hörte das Gespräch mit Grausen an.

»Ha, ha!«, lachte dieselbe Frau, als der alte Joe, einen alten flanellnen Geldbeutel herauslangte und jedem den Preis des Raubes auf den Fußboden hinzählte. »Das ist das Ende von der Geschichte, seht Ihr! Er scheuchte jeden von sich, solange er lebte, um uns zu nützen, da er tot ist! Hahaha!«

»Geist«, sagte Scrooge, vom Fuß bis zum Scheitel zitternd. »Ich verstehe dich. Das Los dieses Unglücklichen könnte das meinige sein. Mein Leben geht jetzt auf dieses Ziel zu. Gnädiger Himmel, was ist das?«

Er fuhr entsetzt zurück, denn die Szene hatte sich verändert und er stand dicht vor einem Bett, einem einsamen, unverhängten Bett, in dem unter einer groben Decke etwas Verhülltes lag, das, obgleich stumm, in einer grauenerregenden Sprache verkündete, was es war.

Das Zimmer war sehr dunkel, zu dunkel, um etwas sicher erkennen zu können, obgleich sich Scrooge, einem geheimen Gefühl folgend, voll Begier umsah, um zu wissen, was für ein Zimmer es sei. Ein bleiches Licht fiel gerade aufs Bett; und auf diesem, geplündert und beraubt, unbewacht und unbeweint, lag die Leiche dieses Mannes.

Scrooge blickte die Erscheinung an. Ihre regungslose Hand wies auf das Haupt des Leichnams. Die Decke war so sorglos zurechtgelegt, dass das geringste Verschieben, die leiseste Berührung von Scrooges Fingern das Antlitz enthüllt hätte. Er dachte daran, empfand, wie leicht es geschehen könnte; aber er hatte ebenso wenig die Kraft, die Hülle wegzuziehen wie den Geist von seiner Seite zu entlassen.

Eine Katze kratzte an der Tür, und die Ratten nagten und raschelten unter dem Kamin. Was sie in dem Gemach des Todes wollten, wagte Scrooge nicht auszudenken.

»Geist«, sagte er, »dies ist ein schrecklicher Ort. Wenn ich ihn verlasse, werde ich nicht seine Lehre vergessen, glaube mir. Lass uns gehen.«

Wieder schien ihn der Geist anzublicken. »Wenn irgendjemand in der Stadt ist, der bei dieses Mannes Tod etwas fühlt«, bat Scrooge ganz erschüttert, »so zeige mir ihn, Geist, ich flehe dich an.«

Die Erscheinung breitete ihren dunklen Mantel einen Augenblick vor ihm aus wie einen Fittich; und wie sie ihn wieder wegzog, sah er ein taghelles Zimmer, in dem sich eine Mutter mit ihren Kindern befand.

Sie wartete auf jemandes Kommen in ängstlicher Hoffnung, denn sie ging im Zimmer auf und ab, erschrak bei jedem Geräusch, sah zum Fenster hinaus, blickte nach der Uhr, versuchte umsonst, sich zu beschäftigen und konnte kaum die Stimmen der spielenden Kinder ertragen.

Endlich vernahm sie das langersehnte Klopfen an der Haustür, und als sie hinausgehen wollte, kam ihr der Gatte entgegen. Sein Gesicht war abgehärmt und bekümmert, obgleich er noch jung war! Es zeigte sich jetzt ein merkwürdiger Ausdruck darin: eine Art ernster Freude, derer er sich schämte und die er zu verbergen bestrebt war.

Er setzte sich zum Essen nieder, das man ihm am Feuer aufgehoben hatte; und als die Gattin ihn erst nach langem Schweigen fragte, was er für Nachrichten bringe, schien er um Antwort verlegen zu sein.

»Sind es gute«, fragte sie, »oder schlechte?«

»Schlechte«, gab er zur Antwort.

»Sind wir ganz zugrunde gerichtet?«

»Nein, noch ist Hoffnung vorhanden, Caroline.«

»Wenn er sich erweichen lässt«, rief sie erstaunt, »dann ist noch Hoffnung da! Nichts ist hoffnungslos, wenn ein solches Wunder geschehen ist.«

»Für ihn ist es zu spät, Erbarmen zu zeigen«, sagte der Gatte. »Er ist tot. Was mir die halbbetrunkene Frau gestern Abend meldete, als ich ihn sprechen und um eine Woche Aufschub bitten wollte, erweist sich jetzt als die reine Wahrheit. Er war nicht nur sehr krank, er lag schon im Sterben.«

»Auf wen wird unsere Schuld übergehen?«

»Ich weiß es nicht. Aber es wäre fast ein unwahrscheinlich großes Pech, in seinem Erben einen ebenso unbarmherzigen Gläubiger zu finden. Wir können heut Nacht leichteren Herzens schlafen, Caroline.«

Mochten sie es auch verhehlen: Ihre Herzen waren leichter.

»Lass mich ein mitleidiges, bei einem Todesfall empfundenes Gefühl sehen«, bat Scrooge den Geist.

Nun führte ihn der Geist durch mehrere Straßen, und indem sie vorüberschwebten, hoffte Scrooge, sich hier und da zu erblicken, aber nirgends war er zu sehen. Sie traten in Bob Cratchits Haus, dessen Wohnung sie schon früher besucht hatten, und fanden dort die Mutter mit den Kindern um das Feuer sitzen. Die lärmenden kleinen Cratchits saßen stumm, wie steinerne Bilder, in einer Ecke und sahen auf Peter, der ein Buch vor sich hatte. Mutter und Töchter nähten. Aber auch sie waren still, sehr still.

»Und er nahm ein Kind und stellte es in ihre Mitte.«

Wo hatte Scrooge diese Worte gehört? Der Knabe musste sie gelesen haben, als er und der Geist über die Schwelle traten. Warum fuhr der Leser nicht fort?

Die Mutter legte ihre Arbeit auf den Tisch und führte die Hand gegen die Augen.

»Ich möchte nicht, dass Vater, wenn er heimkommt, meine roten Augen sieht. Es muss bald Zeit sein.«

»Fast schon vorüber«, erwiderte Peter, das Buch schließend. »Aber ich glaube, Mutter, er geht jetzt etwas langsamer als früher.«

Sie waren wieder sehr still. Endlich sagte sie mit einer ruhigen, heiteren Stimme, die nur ein einziges Mal zitterte: »Ich weiß, dass er mit – ich weiß, dass er mit Tiny Tim auf der Schulter sehr schnell ging.«

»Ich auch«, rief Peter. »Oft.«

»Aber er war sehr leicht zu tragen«, fing sie wieder an, den Blick fest auf ihre Arbeit gerichtet, »und der Vater liebte ihn so, dass es keine Last für ihn war – keine Last. Doch horch: Da kommt der Vater.«

Sie eilten ihm entgegen, und Bob mit dem Schal trat herein. Sein Tee stand bereit, und sie drängten sich alle herbei, und die beiden kleinen Cratchits kletterten auf seine Knie, und jedes Kind legte eine kleine Wange an die seine, als wollten sie sagen: »Gräm dich nicht, lieber Vater, sei nicht traurig.«

Bob besah die Arbeit auf dem Tisch und lobte den Fleiß und den Eifer seiner Frau und Töchter. Sie würden lange vor Sonntag fertig sein, meinte er.

»Sonntag!«, wiederholte die Frau. »Du warst also heute dort, Robert?«

»Ja, meine Liebe«, antwortete Bob. »Ich wollte, du hättest auch hingehen können. Es würde dein Herz erfreut haben zu sehen, wie grün es dort ist. Aber du wirst es oft sehen. Ich versprach ihm, sonntags hinzugehen. Mein liebes, liebes Kind!«, meinte Bob. »Mein liebes Kind!«

Er brach auf einmal zusammen. Er konnte nicht anders. Hätte er anders gekonnt, so wären er und sein Kind einander wohl weniger nahe gewesen.

Er verließ die Stube und ging die Treppe hinauf in ein Zimmer, das hell erleuchtet und weihnachtsmäßig aufgeputzt war. Ein Stuhl stand dicht neben dem Kind und man sah, dass vor kurzem jemand dagewesen war. Der arme Bob setzte sich nieder, und als er ein wenig nachgedacht und sich gefasst hatte, küsste er das kleine kalte Gesicht. Er war versöhnt mit dem Geschehenen und ging wieder hinunter, ganz heiter.

Sie setzten sich um das Feuer und unterhielten sich; die Mädchen und Mutter arbeiteten fort. Bob erzählte ihnen von Scrooges Neffen und seiner außerordentlichen Freundlichkeit, obwohl er ihn nur ein einziges Mal gesehen habe. Er habe ihn heute auf der Straße getroffen, und als er bemerkt, dass er niedergeschlagen aussähe, habe er ihn gefragt, was ihn bekümmere. »Hierauf«, sagte Bob, »erzählte ich es ihm, denn er ist der freundlichste junge Herr, den ich kenne. ›Ich bedaure Sie herzlich, Mr. Cratchit‹, sagte er. ›Wenn ich Ihnen auf irgendeine Weise behilflich sein kann‹, setzte er hinzu, indem er mir seine Karte gab, ›hier ist meine Adresse. Kommen Sie nur zu mir.‹ Nun ist es nicht gerade darum«, sprach Bob, »weil er etwas für uns tun könnte, sondern viel mehr wegen seiner herzlichen Weise, dass ich mich darüber so freute. Es schien wirklich, als habe er unsern Tiny Tim gekannt und fühle mit uns.«

»Er ist gewiss eine gute Seele«, sagte Mrs. Cratchit.

»Du würdest das noch eher erkennen, meine Liebe«, antwortete Bob, »wenn du ihn sähest und mit ihm sprächest. Es sollte mich nicht wundern, wenn er Peter eine bessere Stelle verschaffte. Denkt an meine Worte.«

»Nun höre nur, Peter«, sagte Mrs. Cratchit.

»Und dann«, rief eines der Mädchen, »wird sich Peter nach einer Frau umsehen.«

»Ach, sei still«, antwortete Peter lachend.

»Nun, das kann schon kommen«, sagte Bob, »doch bis dahin hat er noch eine Menge Zeit. Aber wie und wann wir uns auch voneinander trennen sollten, so bin ich doch überzeugt, dass keiner von uns den armen Tiny Tim vergessen wird oder diese erste Trennung, die wir erfuhren.«

»Niemals, Vater«, riefen alle.

»Und ich weiß«, sagte Bob, »ich weiß, meine Lieben, wenn wir daran denken, wie geduldig und wie sanft er war, werden wir uns nicht so leicht zanken und den guten Tiny Tim nicht vergessen, indem wir's tun.«

Mrs. Cratchit küsste ihn, seine Töchter küssten ihn, die beiden kleinen Cratchits küssten ihn, und Peter und er drückten sich die Hand.

»Geist«, sprach Scrooge, »etwas sagt mir, dass wir uns bald trennen werden. Ich weiß es, aber ich weiß nicht wie. Sag mir, wer war es, den wir auf dem Totenbett sahen?«

Der Geist der zukünftigen Weihnacht führte ihn wie zuvor an die Zusammenkunftsorte der Geschäftsleute, aber er sah sich selber nicht. Der Geist hielt sich nirgends auf, sondern schwebte immer weiter wie nach dem Ort zu, wo Scrooge die gewünschte Lösung des Rätsels finden würde.

Es war ein Kirchhof. Hier also lag der Unglückliche unter der Erde, dessen Namen er noch erfahren sollte. Der Geist stand inmitten der Gräber still und deutete auf eins hinab. Scrooge näherte sich ihm bebend.

»Ehe ich mich dem Stein nähere, den du mir zeigst«, sagte Scrooge, »beantworte mir eine Frage. Sind dies die Schatten der Dinge, die sein werden, oder nur derer, die sein können?«

Immer noch wies der Geist auf das Grab hin, vor dem sie standen.

»Die Wege des Menschen tragen ihr Ziel in sich«, murmelte Scrooge. »Aber schlägt er einen andern Weg ein, so ändert sich das Ziel. Sag, ist es so mit dem, was du mir zeigen wirst?«

Der Geist blieb so unbeweglich wie immer.

Scrooge näherte sich schlotternd dem Grabe, und wie er der Richtung des Fingers folgte, las er auf dem Stein seinen eigenen Namen.

EBENEZER SCROOGE.

»Geist«, rief Scrooge, in die Knie sinkend und sich fest an sein Gewand klammernd, »ich bin nicht mehr der Mensch, der ich ehedem war. Ich will ein anderer Mensch werden, als ich vor diesen Tagen gewesen bin. Warum zeigst du mir dies, wenn alle Hoffnung geschwunden ist?«

Zum ersten Male schien des Geistes Hand zu zittern, doch sein Finger wies unveränderlich dorthin.

»Guter Geist«, fuhr er fort, »dein eigenes Herz legt bittend für mich ein Wort ein und bedauert mich.

Sag mir, dass ich durch ein verändertes Leben die Schattenbilder, die du mir gezeigt hast, ändern kann!«

Die gütige Hand zitterte.

»Ich will Weihnachten in meinem Herzen ehren, ich will versuchen, es zu feiern. Ich will in der Vergangenheit, in der Gegenwart und in der Zukunft leben. Ich will den Lehren der Geister mein Herz nicht verschließen. O sage mir, dass ich die Schrift auf diesem Stein tilgen kann!«

In seiner Angst ergriff Scrooge die gespenstische Hand. Sie versuchte, sich von ihm loszumachen, aber er war stark in seinem Flehen und hielt sie fest. Der Geist, noch stärker, stieß ihn zurück.

Wie Scrooge die bebenden Hände zu einem letzten Flehen um Änderung seines Schicksals in die Höhe hielt, sah er die Erscheinung sich verändern. Sie wurde kleiner und kleiner und schwand zu einem Bettpfosten zusammen.

5. *Strophe* DAS ENDE

Ja, und es war sein eigener Bettpfosten. Es war sein Bett und sein Zimmer. Und was das Beste war: Die Zukunft gehörte ihm, um sich zu bessern.

»Oh, Jacob Marley!«, rief Scrooge, als er aus dem Bett kletterte, »der Himmel sei dafür gepriesen und die Weihnachtszeit! Die Geister von allen dreien sollen in mir lebendig sein! Die Schatten der Dinge, die da kommen, können vertrieben werden. Ja, ich weiß es, ich weiß es gewiss.«

Während dieser ganzen Zeit beschäftigten sich seine Hände mit den Kleidungsstücken: Er zog sie verkehrt an, verlegte sie und in einem Atem weinend und lachend machte er mit seinen Strümpfen einen wahren Laokoon aus sich. – »Ich bin vergnügt wie ein Schulknabe, schwindlig wie ein Trunkener. Fröhliche Weihnachten allen Menschen! Ein glückliches Neujahr der ganzen Welt! Hallo! Hussa! Hurra!«

Er war in das Wohnzimmer gesprungen und blieb jetzt ganz außer Atem stehen. »Da ist die Tür, durch die Jacob Marleys Geist hereinkam, da ist die Ecke, wo der Geist der diesjährigen Weihnacht saß, da ist das Fenster, wo ich die ruhelosen Geister sah! Es ist alles richtig, es ist alles wahr, es ist alles geschehen. Hahahaha!«

Für einen Mann, der so lange Jahre aus der Gewohnheit war, musste man es wirklich ein vortreffliches Lachen nennen, ein herrliches Lachen. Es war der Vater einer langen, langen Reihe herrlicher Lachsalven!

»Ich weiß nicht, den Wievielten wir heute haben«, rief Scrooge. »Ich weiß nicht, wie lange ich unter den Geistern gewesen bin. Ich weiß gar nichts. Ich bin wie ein neugeborenes Kind. Hallo! Hussa! Hurra!«

Er wurde in seinen Freudenausbrüchen von dem Geläut der Kirchenglocken unterbrochen, die ihm so fröhlich zu klingen schienen wie nie vorher. Er lief zum Fenster, öffnete es und steckte den Kopf hinaus. Kein Nebel: ein klarer, lustig-heller, frischfroher Morgen, eine Kälte, die dem Blut einen Tanz vorpfiff, ein himmlischer Himmel, lieblich-erquickende Luft. O wie herrlich, wie herrlich!

»Was ist denn heute für ein Tag?«, rief Scrooge einem Knaben in Sonntagskleidern zu, der unterm Fenster stand.

»Wie? Heute?«, fragte der Knabe mit der allergrößten Verwunderung. »Nun, Weihnachten.«

»Es ist Weihnachten«, sagte Scrooge zu sich selber. »Die Geister haben alles in einer Nacht erledigt. Sie können alles, was sie wollen. Natürlich, natürlich. – Heda, mein Junge! Kennst du des Geflügelhändlers Laden in der zweitnächsten Straße an der Ecke?«, fragte Scrooge.

»Ei, warum nicht?«, antwortete der Junge.

»Ein gescheiter Junge«, nickte Scrooge. »Ein prächtiger Junge! Weißt du, ob der Riesentruthahn, der dort hing, verkauft ist? Nicht der kleine Truthahn, sondern der große.«

»Was, der so groß ist wie ich?«, entgegnete der Junge. »Der hängt noch dort.«

»Ist's wahr?« sagte Scrooge. »Na, dann lauf und kaufe ihn.«

»Hat sich was«, spottete der Junge.

»Nein, nein«, sagte Scrooge, »es ist mein Ernst. Geh hin und kaufe ihn und sag, sie sollen ihn hierher bringen, dass ich ihnen die Adresse geben kann, wohin sie ihn tragen sollen. Komm mit dem Träger wieder her, und ich gebe dir einen Shilling. Kommst du rascher als in fünf Minuten zurück, bekommst du eine halbe Krone.«

Der Bengel verschwand wie ein Blitz.

»Ich will ihn Bob Cratchit schicken«, flüsterte Scrooge, sich die Hände reibend und fast vor Lachen platzend. »Er soll nicht wissen, wer ihn schickt. Einen Witz wie den hat's noch nie gegeben.«

Als er die Adresse schrieb, zitterte seine Hand, aber er schrieb so gut es ging und stieg die Treppe hinab, um die Haustür zu öffnen und den Truthahn zu erwarten. Wie er dastand, fiel sein Auge auf den Türklopfer.

»Es ist ein wunderbarer Türklopfer!«, sagte Scrooge. »Und da ist der Truthahn. Hallo! Hussa! Wie geht's? Fröhliche Weihnachten!«

Das war ein Truthahn! Er hätte nicht mehr lang lebendig auf seinen Füßen stehen können. Sie wären – knix – zerbrochen wie eine Stange Siegellack.

»Was, das ist ja fast unmöglich, den nach Camden Town zu tragen!«, sagte Scrooge. »Ihr müsst einen Wagen nehmen.«

Das Lachen, mit dem er dies sagte, und das Lachen, mit dem er den Truthahn bezahlte, und das Lachen, mit dem er den Wagen bezahlte, und das Lachen, mit dem er dem Jungen ein Trinkgeld gab, wurde nur von dem Lachen übertroffen, mit dem er sich atemlos in seinen Stuhl niedersetzte und lachte, bis ihm die Tränen die Backen herunterliefen.

Scrooge zog seine besten Kleider an und trat endlich auf die Straße. Die Leute strömten gerade aus ihren Häusern, wie er es gesehen hatte, als er den Geist der diesjährigen Weihnacht begleitete; und mit auf dem Rücken verschränkten Händen durch die Straßen gehend, blickte Scrooge jeden mit einem freundlichen Lächeln an, dass drei oder vier lustige Leute zu ihm sagten: »Guten Morgen, Sir, fröhliche Weihnachten!« Und Scrooge sagte oft nachher, dass von allen lieblichen Klängen, die er je gehört, dieser seinem Ohr am lieblichsten geklungen hätte.

Nachmittags lenkte er seine Schritte nach der Wohnung seines Neffen. Er ging wohl ein Dutzend Mal an der Tür vorüber, ehe er den Mut hatte anzuklopfen. Endlich fasste er sich ein Herz und klopfte.

»Ist dein Herr zu Hause, liebes Kind?«, sagte Scrooge zu dem Mädchen.

»Ja, Sir. Er ist in dem Speisezimmer, mit Madame. Ich will Sie hinaufführen, wenn Sie erlauben.«

»Danke, danke. Er kennt mich«, sagte Scrooge, mit der Hand schon auf der Türklinke. »Ich will gleich eintreten, liebes Kind.«

Er machte die Tür leise auf und steckte den Kopf hinein.

»Fred«, rief Scrooge.

»Potztausend!«, rief Fred, »wer kommt da?«

»Ich bin's. Dein Onkel Scrooge. Ich komme zum Essen. Willst du mich hereinlassen, Fred?«

Ihn hereinlassen! Es war nur gut, dass er ihm nicht den Arm abriss. Nichts konnte herzlicher sein als die Begrüßung seines Neffen. Und seine Nichte empfing ihn nicht minder herzlich.

Auch Topper, als er kam.

Auch die runde Schwester, als sie kam.

Und alle, wie sie nach der Reihe kamen.

Wundervolle Gesellschaft, wundervolle Spiele, wundervolle Eintracht, wundervolle Glückseligkeit!

Aber am andern Morgen war Scrooge früh in seinem Kontor. Zuerst dort zu sein und Bob Cratchit beim Zuspätkommen zu erwischen, das war's, worauf sein Sinn stand. Die Uhr schlug neun. Kein Bob. Ein Viertel nach neun. Kein Bob. Er kam volle achtzehn und eine halbe Minute zu spät.

Bobs Hut war vom Kopf, ehe er die Tür öffnete, auch der Schal von seinem Hals. Im Nu saß er auf seinem Stuhl und jagte mit der Feder über das Papier, als wollte er versuchen, neun Uhr einzuholen.

»Heda«, rief Scrooge, so gut es ging seine gewohnte Stimme nachahmend. »Was soll das heißen, dass Sie so spät kommen?«

»Es tut mir sehr leid, Sir«, sagte Bob.

»So?«, sagte Scrooge. »Hier herein, wenn's gefällig ist.«

»Es ist nur einmal im Jahr, Sir«, sagte Bob, aus dem Verlies hereintretend. »Es soll nicht wieder vorkommen. Ich war ein bisschen lustig gestern, Sir.«

»Nun, ich will Ihnen etwas sagen, Freundchen«, sagte Scrooge, »ich kann das nicht länger mit ansehen. Und daher«, fuhr er fort, von seinem Stuhl springend und Bob einen solchen Stoß vor die Brust gebend, dass er wieder in das Verlies zurückstolperte, »und daher will ich Ihr Salär erhöhen!«

Bob zitterte und überlegte, die Leute im Hof um Beistand und um eine Zwangsjacke anzurufen.

»Fröhliche Weihnachten, Bob!«, sagte Scrooge mit einem Ernst, der nicht missverstanden werden konnte. »Fröhlichere Weihnachten, Bob, als ich Sie so manches Jahr habe feiern lassen. Ich will Ihr Salär erhöhen und mich bemühen, Ihrer Familie unter die Arme zu greifen. Wir wollen heut Nachmittag bei einem dampfenden Weihnachtspunsch über Ihre Angelegenheiten sprechen, Bob Cratchit!«

Scrooge war besser als sein Wort. Er tat nicht nur alles, was er versprochen hatte, sondern noch mehr, und für Tiny Tim, der nicht starb, wurde er ein zweiter Vater. Er wurde ein so guter Freund und ein so guter Mensch, wie nur das liebe alte London oder jedes andere liebe alte Städtchen oder Dorf in der lieben alten Welt je einen Freund und Menschen gesehen hat. Einige Leute lachten, als sie ihn so verändert sahen; aber er ließ sie lachen und kümmerte sich wenig darum, denn er war klug genug zu wissen, dass nichts Gutes in dieser Welt geschehen kann, worüber nicht von vornherein einige Leute lachen müssen. Sein eigenes Herz lachte, und damit war er vollauf zufrieden.

Er hatte keinen ferneren Verkehr mit Geistern. Und immer sagte man von ihm, er wisse Weihnachten recht zu feiern, wenn es überhaupt ein Mensch wisse.

Aus dem Englischen, überarbeitet und gekürzt nach einer alten Übersetzung

THEODOR FONTANE
WEIHNACHTEN

Noch einmal ein Weihnachtsfest,
Immer kleiner wird der Rest,
Aber nehm ich so die Summe,
Alles Grade, alles Krumme,
Alles Falsche, alles Rechte,
Alles Gute, alles Schlechte –
Rechnet sich aus all dem Braus
Doch ein richtig Leben heraus.
Und dies können ist das Beste
Wohl bei diesem Weihnachtsfeste.

Die richtigen Antworten zum Weihnachtsquiz:

1 C	7 C	13 A	19 C	25 D
2 A	8 A	14 D	20 C	26 C
3 D	9 B	15 A	21 A	27 C
4 B	10 C	16 C	22 B	28 B
5 B	11 D	17 A	23 B	29 D
6 A	12 B	18 D	24 A	30 B

Wir danken den Autoren und Erben für die freundliche Genehmigung zum Abdruck der Texte sowie:
Robert Gernhardt, Die Falle. Eine Weihnachtsgeschichte (Auszug)
© Robert Gernhardt 1993. Alle Rechte vorbehalten S. Fischer Verlag GmbH, Frankfurt am Main.
Erich Kästner: Weihnachtslied, chemisch gereinigt, aus: Ders., Herz auf Taille © Atrium Verlag AG, Zürich 1928 und Thomas Kästner
Erich Kästner: Interview mit dem Weihnachtsmann
© Thomas Kästner. Quelle: Erich Kästner, Interview mit dem Weihnachtsmann. Atrium Verlag, Zürich 2014
James Krüss: Tannengeflüster aus: James Krüss, Der wohltemperierte Leierkasten
© 1989, cbj Verlag, München, in der Verlagsgruppe Random House GmbH
Toni Lauerer: Apfent aus: I glaub, i spinn. Neue und alte Geschichten.
© 14. Auflage 2014, MZ Buchverlag in der Battenberg Gietl Verlag GmbH, Regenstauf
Gianni Rodari: Ein Spielzeug für Weihnachten (Un giocattolo per natale) aus: Die Sirenenbraut, 1987
© Gianni Rodari, Il gioco die quattro cantoni, 1980, 1995 Edizioni El s. r. l., San Dorligo della valle / Italy
Francoise Sagan: Die Hundenacht
Originalrechte © Groupe Flammarion, Paris; Übersetzung © 1977 Ullstein Buchverlag
Mark Spörrle: Dieses Jahr schenken wir uns nichts! aus: Mark Spörrle, Aber dieses Jahr schenken wir uns nichts! Geschichten vom weihnachtlichen Wahnsinn
© 2008, Rowohlt Verlag GmbH, Reinbek bei Hamburg
Erwin Strittmatter: Der Weihnachtsmann in der Lumpenkisteaus: Erwin Strittmatter: ¾ hundert Kleingeschichten Aufbau-Verlag Berlin und Weimar 1971
© Aufbau Verlag GmbH & Co. KG, Berlin 1971, 2008
Karl Heinrich Waggerl: Das ist die stillste Zeit im Jahr aus: Karl Heinrich Waggerl, Sämtliche Weihnachts erzählungen
© Otto Müller Verlag, 1. Auflage, Salzburg 2009
Friedrich Wolf: Die Weihnachtsgans Auguste aus: Friedrich Wolf, Gesammelte Werke in sechzehn Bänden (Hrsg. v. Else Wolf u. Walther Pollatschek). 1960–1968. Band 14: Märchen, Tiergeschichten und Fabeln. Aufbau-Verlag Berlin 1961
© Aufbau Verlag GmbH & Co. KG, Berlin 1961, 2008

Eulenspiegel Verlag – eine Marke der Eulenspiegel Verlagsgruppe Buchverlage

ISBN 978-3-359-01383-9

1. Auflage dieser Ausgabe 2018
© Eulenspiegel Verlagsgruppe Buchverlage GmbH, Berlin

Gestaltung: Verlag, Karoline Grunske
unter Verwendung von Motiven von Hans-Eberhardt Ernst
Printed in EU

Die Bücher des Eulenspiegel Verlags
erscheinen in der Eulenspiegel Verlagsgruppe.

www.eulenspiegel.com